U0148284

一句顶万句
高效演讲

若初 —— 编著

Efficient
Speech

远方出版社

图书在版编目（CIP）数据

高效演讲 / 若初编著. -- 呼和浩特：远方出版社，
2023.11
（"一句顶万句"系列）
ISBN 978-7-5555-1611-8

Ⅰ．①高... Ⅱ．①若... Ⅲ．①演讲 - 语言艺术 - 通俗
读物 Ⅳ．①H019-49

中国国家版本馆CIP数据核字(2023)第100029号

高效演讲
GAOXIAO YANJIANG

编　　著	若　初
责任编辑	奥丽雅
封面设计	小雅创意
版式设计	曹　弛
出版发行	远方出版社
社　　址	呼和浩特市乌兰察布东路666号　邮编010010
电　　话	（0471）2236473总编室　2236460发行部
经　　销	新华书店
印　　刷	天津中印联印务有限公司
开　　本	880毫米×1230毫米　1/32
字　　数	134千字
印　　张	6.5
版　　次	2023年11月第1版
印　　次	2023年11月第1次印刷
印　　数	1—8000册
标准书号	ISBN 978-7-5555-1611-8
定　　价	38.00元

如发现印装质量问题，请与出版社联系调换

前　言

我们大部分人也许一生都不会上演讲台，但演讲其实是我们经常会做的事。在工作中，向领导汇报工作；在会议中，发表意见与看法；在饭桌上，与朋友们侃侃而谈……并不是站在演讲台上的演讲才算演讲。

演讲，就是在一对多的环境下表达观点、传递信息，从而影响他人。演讲是一种口才和思维的体现，是一种和他人有效沟通的方式。"如果你实在找不到一个领域去跨界，那么就去学演讲"，既然演讲是我们经常做的事，为什么我们不能在演讲台上侃侃而谈呢？

对于听众来说，一场美妙的演讲能够扩大视野，唤醒心中的渴望，思考不曾想过的问题。对于演讲者来说，一场好的演讲意味着突破自我、脱颖而出，还可能意味着升职加薪、名利双收。

但几乎所有人都有对公众演讲的恐惧。面对台下的听众，我们会紧张，导致面红耳赤、冒汗、忘词……这都是正常的生理反应，是我们处在不安全的环境中，大脑做出的应急反应。

演讲难吗？可怕吗？对于缺少演讲技巧的人来说，仅仅是走上演讲台就需要用尽勇气和力量，更别说做一场成功的演讲了。

这一点，高效演讲术与普通演讲技巧截然不同。当你学会高效演讲术后，会发现演讲其实没有那么难，不需要每次上台都如临大敌，担惊受怕，也不需要每次都绞尽脑汁才能打动听众。

当你掌握了高效演讲术，演讲就会变得像给自动铅笔更换笔芯那样简单。你会发现，演讲是有结构的，只要先制订一个演讲模式，构建一个好的演讲框架，再将内容填充进去即可。

那么，构建演讲框架需要具备哪些能力呢？

首先，要有勇气和信心，要做好心理建设和足够的准备。想要做好演讲，必须有站上演讲台的勇气。你要想明白，当众演讲能够为自己带来什么。也许当你看到足够多的收获时，勇气就会随之而来。同样的，如果你能够为演讲做好各种准备工作，并反复练习，那么做不好演讲的可能性就很小。当你演讲成功的次数越来越多，自信心也会越来越强。

其次，要有技巧，掌握讲故事和说话的技巧，揣摩听众想要听什么，以及如何吸引听众的注意力。当你掌握了技巧，就有了掌控演讲的能力。

再次，要有辅助内容，完善演讲细节，增强演讲效果。想要将一件事做到最好，还需要做些额外的努力。你的外表、你的工具和你的故事，虽然不是演讲的主体内容，但会让听众更加喜欢并记住你的演讲，相信你在演讲中表达的观点。

最后，要有随机应变的能力。生活中的很多事情都会出现计划外的状况，演讲也不例外。当意外出现时，你要有办法化解，不要因为几秒钟的突发状况就毁了自己几天甚至十几天的准备。演讲者的随机应变能力是演讲效果的保障。应变能力越强，这道保障就越坚固。

当你做好了心理准备，掌握了上述高效演讲必备的能力，就可以有效降低你对演讲的焦虑。让高效演讲成为你获得美好人生的一项重要技能吧！

目　录

第六章　气势：你的肢体语言，决定了演讲的气场

第七章　破冰：演讲遭遇危机，稳定控场，机智救场

第八章　实战：你与成功之间，就差一场高效演讲

第一章　战略

顺畅人生，离不开高效演讲的加持

- ☑　人人都需要高效演讲

- ☑　高效演讲让你有实力赢得竞争

- ☑　爆红，有时只需一次高效演讲

- ☑　升职加薪，离不开高效演讲

- ☑　你也可以做到高效演讲

人人都需要高效演讲

每个人都听过演讲，甚至不少人在学生时代就进行过演讲。演讲的作用毋庸置疑，可以将你的想法、承诺或意见传递给其他人。在生活中，我们在沟通时也会使用大量的演讲技巧，比如，吸引对方注意、说服对方、控制谈话气氛等。

因此，我们不仅需要演讲，更需要高效演讲。也许你会认为自己从来没有演讲过，但也过得好好的，有必要学习高效演讲吗？其实，演讲早已成为我们生活的一部分。

教师讲课离不开高效演讲。一名合格的教师除了要有过硬的专业知识和一颗认真负责的心，还要具备高效演讲的能力。教师之所以有能力强弱之分，是因为讲课水平有高低。为了高效地传达课本知识，保证学生的注意力始终集中在授课内容上，控制讲授时间、把握课堂节奏是非常重要的技巧，而这恰恰也是高效演讲所具备的技巧。

销售人员向客户讲解产品也离不开高效演讲。销售人员的高效演讲能使客户对产品产生兴趣，认真倾听产品介绍，相信产品适合自己，最后下定决心购买。

当我们与家人、朋友沟通时，高效演讲也是很有用的。你想让朋友帮忙，或是说服朋友，需要高效演讲；你想得到家人支持，或是改变他们的某些观点，同样需要高效演讲。但是，毫无准备的说服，无疑会变成一场手忙脚乱的对抗，不仅成功率很低，而且可能产生负面效果。

那么，具体来说，高效演讲能为我们带来哪些好处呢？

第一，从比较直观的角度来说，高效演讲能够帮助我们提高沟通能力。沟通是我们生活中不可或缺的一部分，只要和他人互动，不管是有明确目的的沟通还是漫无目的的交流，都需要掌握一定的技巧，才会有比较好的沟通效果。

如果你的表达能力不强，无法让对方领会你的意图，那么就可能达不到预期的目的。

某传媒公司下属的一档杂志，原本做的是时尚方面的内容，一段时间以后，老板觉得效果不佳，想要改变杂志的方向。他找来杂志部门的负责人，说杂志要改变方向，以青少年为主，多讲一些青春期的故事。半个月以后，老板拿到杂志才发现，负责人完全理解错了。老板想要的是一些关于青少年和父母的故事，结果整本杂志做的都是青少年励志故事，与他原本的想法大相径庭，白白浪费了半个月的时间。这就是沟通不准确的结果。

其实，即便是闲聊，如果没有良好的沟通能力，双方也可能会因为表达不够准确而产生矛盾、误解。即便没有误解，低效率的沟通也会把聊天变得无聊，让对方觉得跟你聊天只会浪费时间。

第二，高效演讲能够提升我们的逻辑思维能力。演讲对一个人的逻辑思维能力是非常大的考验。演讲的时候，我们要保证自己所说的内容，或有因果关系，或有连贯性，确保自己所说的话能够更好地被对方理解。如果我们的表述缺少逻辑性，就会变得难以理解；缺少说服力，对方也很难记住我们的观点。

表述缺少逻辑性，还容易导致模糊谈话重点。我们谈话一般都有主题，哪怕闲聊也会围绕一个话题，随着谈话的推进再进入另一个话题。如果缺少逻辑思维能力，谈话时就非常容易跑题。特别是在会议上发言，大家要集思广益解决问题，跑题就是对时间和精力的浪费。

第三，高效演讲能够让我们养成做计划的习惯。想要把事情做好，没有计划可不行。越是重要的场合，越是难得的机会，就越要做好计划。想要进行高效演讲，更需要好的计划。如果我们能够为沟通做好计划，沟通就会变得容易得多。久而久之，就能培养出做计划的好习惯。

高效演讲让你有实力赢得竞争

在生活中，竞争是不可避免的。资源就那么多，人人都想要，就需要竞争。我们想要得到目标资源，就要在竞争中胜出。不管制定规则的人是谁，不管最终做决定的人是谁，用语言打动对方，是我们需要做的事。这个时候，高效演讲就成为能够左右局面的重要工具。

在竞争中，高效演讲能给我们带来什么帮助呢？

小赵进入公司已经 3 年了。他工作认真，肯学习钻研，很快就成为公司最优秀的基层员工。之后，他不再满足于做一名基层员工，而是希望自己的事业更上一层楼。

小赵之所以产生这样的想法，是因为他的上司因业绩出色而升职，把位子空了出来。不过，除了小赵，还有一个同事也盯上了这个职位。这个同事虽然业绩不如小赵，但比小赵更早入职，其他同事都觉得他的资历更老，更适合坐到那个位子上。小赵想要改变同事们的看法，然后名正言顺地升职，显然不是一件容易的事。

小赵有信心做好，也有信心带领部门走向另一个辉煌。如果他有机会做一场演讲，就能够将他的想法传递给同事，扭转同事们对他的看法，赢得他们的支持，在这场竞争中获胜。

一天，小赵找了个机会发表了一场时间不算太长的演讲，表明了自己的想法和接下来的计划，以及自己升职后会对部门、同事产生怎样的影响。演讲时间不算长，但起到了不错的效果。同事们发现，小赵不仅业绩出色，而且对部门的了解丝毫不逊色于那位资历更老的同事，于是，他们心中的天平开始朝小赵倾斜。最后，小赵得到了升职的机会。

在竞争中获胜，有时候并没有那么困难，你与胜利之间可能只是缺少一场高效演讲。不过，若想通过演讲在竞争中获得优势，还要注意以下几点：

1. 在非正式场合演讲，时间不宜过长

有时，我们演讲的动机非常明确。比如，在正式的演讲场合，我们就是想要赢得听众的好感，让听众更倾向于选择我们，而在非正式场合则不能如此。在非正式场合，我们也许是打算通过演讲来扭转他人的看法，但同时也占用了他人的时间。如果时间太长，将一次非正式的聚会、聚餐变成个人的演讲舞台，就会让其他人感到不满，认为你做事的目的性、功利心太强，而且不分轻重、主次。我们的本意是要给他人留下好印象，却起到相反的效果，得不偿失。

2. 想要获得他人的好感，仅仅表现自己是不行的

我们想要从竞争中获胜，因此演讲时会展示自己的优点、强项。然而，相比于演讲者，台下的听众更在意自己的事情。你的确有更强的能力，比竞争对手更有资格赢得胜利，但对听众来说，这又有什么好处呢？他们更在意自己能够获得什么，你获胜后他们的现状会发生怎样的变化。如果没有这一环，你的演讲显然是诚意不足，且缺少核心内容。

3. 演讲是否成功，态度非常重要

人很容易受情感因素的影响，想要赢得更多人的支持，从竞争中获胜，也需要考虑听众的情感。

演讲时，演讲者应留意自己的态度能否让听众产生情感上的亲近。不管是外表还是语言，演讲者都会根据听众做一些调整。例如，去工厂演讲时，可以穿一件工人的工作服，以便和工人更

加亲近；去学校演讲时，讲一些自己学生时代的趣事，使用更符合学生习惯的语言，可以拉近与学生的距离。

这些调整既是为了让听众产生亲切的感觉，也是为了体现自己的态度，表明自己和听众是一类人，从而获得听众的支持。

爆红，有时只需一次高效演讲

"爆红"这个词在网络上很常见，网络让每个人都有成为"红人"的可能。在互联网逐渐成熟的今天，几乎每个月都有人在网络上爆红。那么，是否有人通过演讲爆红呢？答案是肯定的，而且数量颇为惊人。

2017年，武汉市某中学语文教师杨老师，靠着一次题为"人生很贵，请别浪费"的演讲，成了网络红人。

杨老师所做的演讲主要面向刚刚升入高三的学生，目的是激励学生努力学习，在高考中取得好成绩。这样的演讲并不少见，几乎每年每个学校都会有老师这样做，那么，杨老师的演讲究竟有着怎样的魅力，让她一夜之间在网络上爆红呢？

从杨老师的演讲中，我们发现以下特点：

首先，语言务实。演讲时，要让听众将注意力集中在演讲者身上，所以演讲的内容一定要通俗易懂，贴近听众的生活。如果演讲者使用的语言与听众的生活、知识水平相去甚远，那么对于听众来说，想要全神贯注地听讲就不是很容易了。

杨老师使用的语言非常贴近学生的生活，不仅有许多学生在学习中会遇到的问题，还包括很多学生日常生活中应注意的事情，如游戏、锻炼、知识记忆方法等。这些内容与学生息息相关，所以学生能够认真聆听。

其次，讲述的故事要贴近生活。想要激励学生努力学习，可以讲述的故事实在太多，比如，凿壁偷光、囊萤映雪、范仲淹煮粥等。这些故事虽然深刻、经典，但距离学生的生活实在太远了，可如果讲述的故事过于生活化，又无法起到太好的效果。例如，讲述上一届某个学生成功的故事，则会有不少学生将注意力集中在"这个人是谁"上，而不去听演讲的内容。

杨老师避开了这种讲法。她在举例、讲故事时，提到的是在社会上有一定知名度的人，而且他们成功的故事流传甚广。这种讲法在互联网时代显然更能吸引学生的注意力。

再次，合理表达自己的观点。人们在演讲时经常会犯一个错误，那就是演讲内容不合理，特别是励志方面的演讲，经常充斥着"只要你努力，没有什么做不到""人定胜天"等心灵鸡汤。

人确实需要努力，但每个人的兴趣点和能力不同，能够取得的成绩也会有差异。有的事不是努力就能够做到，而在励志演讲中却经常出现这种内容。

杨老师在演讲时虽然告诉学生要努力，抓住机会，不要浪费人生，却没有说"只要努力就一定能成功"。她告诉学生，虽然不是每一次努力都会标注上辉煌，但做了该做的就不必纠结于一张试卷，一个分数。这样的演讲合乎逻辑，且没有强行地给学生灌心灵鸡汤。

最后，不仅有理论，还要有细节和方法。演讲不能一味地高屋建瓴，还要有一些基础的东西，才能保证内容的丰满。如果只一味地谈为什么要这样做，而不谈怎么做，就会显得空洞乏味。

杨老师在演讲中阐述了为什么有些学生学习效率高，有些则效率低，并且给出了改善方案，还提出一个观点：学习应该成为学生的习惯，而不能被当成一件特定的事情。她建议学生放松心态，不透支自己的精力。这些内容让她的演讲更有深度。

由此可见，演讲水平的高低直接决定演讲的成果。若想通过演讲让更多的人认可我们的思想，更要学会高效演讲。

升职加薪，离不开高效演讲

　　我们想要获得更好的人生，获得成功，总是绕不开升职加薪。通过高效演讲，我们能够距离升职加薪更近一步。

　　升职最重要的是能力，没有能力，却想要谋求更高的职位，即便有再高的资历也是不行的。如果你觉得自己有能力却无法获得成功，不能升职，那你缺少的可能是机会，一个展示自己的机会，而高效演讲恰恰能够提供这个机会。

　　如果你有高效演讲的能力，就可以利用演讲将自己的工作能力展示给他人。即使演讲展示的空间有限，你也能够通过语言让他人了解你的能力与行动计划。让团队成员知道你是一位有实力的综合型人才。公司不仅会给你提供更好的工作舞台，还会给你升职加薪。

　　高效演讲是展示工作能力的方法之一。如何使你的演讲让上级满意呢？需要满足以下几个因素：

1. 你为什么值得升职加薪

很多人在做升职报告时都忽略了比较重要的一点，认为自卖自夸不是好事，可能会引起领导反感。但是，想要升职加薪，就要让领导知道你为公司做了什么。在团队中，最会表现的人未必是贡献最大的人。如果你不告诉领导你做了什么，领导看你的报告时只会一头雾水，不知道你凭什么想要升职加薪。

展示自我绝不是一件丢人的事，自卖自夸也不是罪过。如果你不敢展示自我，只想着酒香不怕巷子深，是金子总会发光，那是不行的。的确，是金子总会发光，但在一个讲求效率的社会，我们没有那么多的时间等人来发现，只有主动展示自我，主动发光，才能尽快达到目的。

2. 你能做到什么

当你寻求更高的职务和薪水时，必然是因为你觉得自己拥有更强的能力。如果你想让老板知道你的能力不止于此，就要用合适的方式来告诉他，你能做到什么，升职加薪后还会做什么，这样你的价值才能被发现。人的一生非常短暂，如果只是被动地等待，只会白白浪费自己的时间。有时候，怀才不遇不是真的不遇，而是因为自己没有抓住机会。

3. 你还有多少潜力

21 世纪最宝贵的是人才，对于任何公司来说都是如此。一个出色的人才，有时仅凭自己的力量就能支撑起一家小公司。但人才不是天生的，需要不断学习，不断提高，积累经验，才能达到一定的高度。

在人人都可以学习、可以积累经验的情况下，你凭什么比别人更值得升职加薪呢？这就是问题的关键。你要让老板知道，你有更好的基础，更强的学习能力，更积极的态度，对公司的前景有更多的信心，是对公司有用的可造之才。

掌握了以上要点，你便能全面介绍自己的能力、特点和潜力，让老板知道你是值得升职加薪的。

你也可以做到高效演讲

很多人对高效演讲认识不足，认为这是一件非常困难的事情，难以驾驭。其实并非如此，每个人都有能力做到高效演讲，让自己拥有更好的口才，获得更好的人脉和人际关系。

世界上很多知名的演讲大师，天生就是演讲家吗？他们从一开始就拥有成为演讲家的潜质吗？显然不是。

英国戏剧大师萧伯纳的口才也很好，但他小时候其实是个非常胆怯的人。他的胆怯程度远远超过了一般人，就连去小伙伴家找人出来玩都不敢敲门，经常在别人家门口徘徊几十分钟后讪讪离去。

那么，萧伯纳是怎样成为一名出色的演讲家的呢？他自称是从溜冰中获得了灵感。他想要学会溜冰，但又担心摔倒被人笑话，所以始终没有学会。后来，他发现阻止他学会溜冰的唯一问题就是害怕出丑而已。于是，他开始练习溜冰，开始时不断摔倒，一次次出丑，最终学会了溜冰。练习口才也是如此，他通过不断练习、不断出丑，最终成为一名演讲大师。

高效演讲不是天生的，普通人甚至是口齿存在问题的人都能够学会高效演讲，成为一名口才出色的演讲大师。当然，想要学会高效演讲，还需要有一定的基础，简单来说包括两个方面：

第一，勇气。勇气是学会高效演讲的重要基础，如果没有勇气，演讲就无法实施。试想，我们面红耳赤地站在演讲台上，心跳得飞快，连一句完整的话都说不清楚，谈何演讲呢？

勇气与冷静息息相关，当一个人处于害羞、害怕或其他类似的情绪时，心态就会发生变化。心态发生变化，可能就无法说出想要说的话。

勇气可以给予我们自信，而强大的自信是每个演讲家必须具备的。如果我们缺少勇气，缺少自信，说的话连自己都不相信，又如何去说服别人呢？如果我们拥有强大的自信，这种自信就能够影响听众，让他们认可我们说的话。

第二，毅力。想要成为一名出色的演讲家，有人觉得出色的口才重要，有人觉得丰富的阅历是不可或缺的，但这些都远远不如坚持到底的毅力。

那些靠自己的努力成为演讲大师的人，无论是勇气还是口才，都经历过不断学习、不断改善的过程。

一名出色的演讲家应该声音洪亮，吐字清晰，姿势得体，富有辩才。古罗马伟大的演讲家德摩斯梯尼天生口吃，嗓音微弱，还有耸肩、斜视等不良习惯，平常与人交流都困难，但成为一名卓越的政治演讲家是德摩斯梯尼的梦想。为了这个梦想，他做出超过常人几倍的努力，经历了异常刻苦的学习与训练。最初，他多次因发音不清、论证无力而被观众轰下讲坛。为此，他常常抄写《伯罗奔尼撒战争史》。他虚心向著名演员请教发音方法，为了改进发音，还把小石子含在嘴里朗读，迎着大风和波涛讲话。为了改掉气短的毛病，他一边登山，一边吟诗。他为了改变斜视，在家里装了一面大镜子，每天起早贪黑地对着镜子练习。为了改掉说话耸肩的习惯，他在头顶上悬挂一柄剑……他不断提高演讲技能，最终成为伟大的演讲家。他刻苦努力练习演讲的故事也成为激励后人奋进的例子。

　　不管你是想要强化自己的能力，还是想要克服自己的弱点，如果没有持之以恒的精神，是绝对不可能做到的。高效演讲本身不是一个马上就能学会的本领，不仅需要经常练习，还需要不断学习，增加新的知识。只有这样才能真正将高效演讲变成一种本能，变成一个信手拈来、随时使用的技能。

第二章　筹备

只有做足准备，你的演讲才能出类拔萃

☑　带着目标去演讲：你想从中收获什么

☑　听众心理分析：人们喜欢听什么

☑　精准命题：根据受众类别调整演讲侧重点

☑　去粗取精，让演讲内容更加丰满

☑　依据自身特质，选取演讲方式

带着目标去演讲：你想从中收获什么

我们演讲的目标主要有传递信息、说服听众和激励听众等。

在演讲之前，我们要确立自己的目标，然后围绕目标制订演讲的方案和主题。很多人认为，演讲中的每个部分都必须包含演讲目标，其实并非如此。我们可以将演讲分成不同部分，共同为目标服务，但不必每一句话、每个部分都涉及演讲目标。

某农具厂的销售人员向一位老妇人推销农具。附近有不少人已经购买了这位销售人员的农具，还有一些人也表现出兴趣，只有这位老妇人几乎连开口的机会都不给销售人员。但销售人员不仅没有退缩，反而被激起了斗志，决心用自己的口才拿下这位老妇人。

这天，销售人员来到老妇人的家里。老妇人早已见过销售人员，于是拉下脸来，告诉他自己绝不会买他推销的任何东西。

销售人员没有着急，而是平静地对老妇人说："我今天不是来推销的，只是想要随便聊聊。"

销售人员的反应是老妇人没有想到的，她在错愕之中答应了销售人员的请求。果不其然，在接下来的几十分钟里，销售人员没有说任何有关农具的话，只是和老妇人有一句没一句地谈论最近几年的收成、农产品的售价等。

聊了一会儿，销售人员的表情突然变得悲伤起来。他告诉老妇人，用不了多久，农产品的价格就会下降，老妇人的收入也会减少，想要维持现在的生活水平就不是那么容易的事了。

老妇人好奇地问销售人员为什么做出这样的预言。销售人员说，附近村庄里很多农户都购买了他们公司的农具，接下来的几年里，农产品的产量会大大提高。开始的时候农产品也许还能保持原本的价格，但一段时间以后，由于农产品数量增加，价格一定会降低。那些购买了农具的人，因为收获了更多的农产品，所以总收入不会下降，反而可能会上升。但像老妇人这种没有购买农具的人，如果不能提高产量，收入势必会受到影响。

老妇人听了销售人员的话，陷入沉思。之后，她主动向销售人员询问有关农具的细节，最终购买了农具。

这位销售人员对老妇人说的话显然是一次高效演讲。尽管他演讲的主题不是农具，也没有说一句和推销有关的话，但最终实现了将农具销售给老妇人的目标。毫无疑问，这场演讲是成功的。

我们在生活中也经常会做一些高效演讲。不管听众是一个人还是一群人，不管我们使用什么演讲方式，采取什么策略，有一点是不变的，那就是演讲的目标，即我们要通过这场演讲收获什么。

失去演讲目标看似不可思议，却是不少演讲者在演讲时会犯的错误。这里说的失去目标，不是说演讲到最后跑题了，而是在演讲过程中，为了吸引听众的注意力而添加大量的故事或幽默的环节，但这些可能与演讲主题、演讲目标并没有什么关系。

这种方式的确可以吸引听众的注意力，并给他们留下深刻的印象，让他们在听完演讲后仍然对演讲中提到的故事津津乐道，但是这部分印象可能与演讲目标和想要让听众记住的部分毫无关系。这就是失去目标的演讲，也就是一次不成功的演讲。

更不成功的演讲是什么样的呢？就是我们之前说过的，每一句话、每个部分都带着强烈的目的性，而实际内容又不够充实的演讲。演讲的目标太过明显，会让听众产生抵触心理。

其实，演讲本身就是一件容易让人产生抵触情绪的事。听众在听演讲时，一部分人是怀着学习的心态；另一部分人可能并不想听，觉得演讲是一个说教的过程，而他们并不想要被说教。所以，当演讲带有强烈的目的性，想要将某些内容直接灌输到听众的脑子里时，听众就会产生抵触情绪。

不够有趣，缺少吸引力，也是演讲中经常出现的问题。这种演讲不仅无法吸引听众，反而会让听众觉得结束是一种解脱，并且在今后的日子里不愿再想起关于这次演讲的任何内容。

因此，我们在演讲的时候不要把自己的目标强加给听众，而要用鲜明、独特、有新意的观点，自然地提出演讲的目的，简明扼要地告诉听众你的演讲可以给他们带来什么价值。

听众心理分析：人们喜欢听什么

　　成功的演讲能够让听众从头听到尾，但这个目标很难达成。演讲者很难做到让每个人都喜欢他们的演讲，正如那些上座率高的影片，也无法让每一个走进影院的人都喜欢。每个人都有自己的想法和立场，也有属于自己特点，如受教育程度、成长环境及家庭状况等。这些因素决定了人们天生就不可能对某件事拥有完全一致的评价。明白这一点，是我们分析听众心理的前提。

　　我们不可能满足所有听众，不可能让每位听众都喜欢我们的演讲，有对我们的演讲痴迷的，就会有嗤之以鼻的。所以，我们要放宽心态，保证内心的平衡，不患得患失，才能真正做好演讲。

　　我们的演讲虽然不可能满足每一位听众，但可以满足大部分听众。这时，我们就需要做听众心理分析，仔细思考听众到底喜欢听什么。

在相当长的时间里，人们在谈论励志类书籍的时候，总是绕不开《羊皮卷》这本书。不论《羊皮卷》的内容在今天是否有用，书中所收录的11位作者的演讲能力是毋庸置疑的。

《钻石宝地》的作者拉塞尔·康维尔是一位演讲大师、励志大师。他一生中做过的演讲实在太多了。他的演讲内容非常简单，就是激励人们寻找自己生命中的财富，创造属于自己的财富。由于他的身份是一位牧师，在他的演讲当中，经常出现借助虔诚的信仰让自己获得财富的故事。

《钻石宝地》并不是单纯地向人们传授致富诀窍，在这些致富诀窍里，拉塞尔显然夹带了自己想要传播的内容，将传教融入致富诀窍。甚至可以说，致富诀窍不过是他吸引听众的手段，传教才是演讲的重点。

世上的人多种多样，兴趣各不相同，但有些东西却是大多数人都在追寻的。例如，去学校给家长演讲，能让家长产生兴趣的是孩子的成绩；如果对学生演讲，更重要的不是成绩，而是他们的未来。虽然看似相差无几，但本质上有着巨大的差别。

想要做一场人人都喜欢的演讲，这个想法并不现实。但是，人们对于某些话题始终抱有强烈的兴趣，这些话题就是我们可以利用的内容。

比如财富，这是绝大多数人都感兴趣的话题。拉塞尔·康维尔就是利用"财富"这个话题做了一场又一场演讲。有时候，直接谈钱显得过于俗气，但如果能将财富用其他方式包装一下，就会起到更好的效果。经常被用来包装财富的关键词有机会、前途、创业、上升、奋斗等，它们都与财富有关，甚至最终指向都是财富。当然，因为它们的表现形式不同，所以演讲内容也要随之改变。

健康，同样是每个人都在追求的。过去很多年轻人对于养生、健康之类的话题嗤之以鼻，但现在不同了，越来越多的年轻人加入养生大军，健身、美容等话题经久不衰。显然，现代人对于健康的追求远远超过了过去，健康已经成为一个人们都关心的话题。即使演讲的主题和内容与健康无关，也能通过"健康"这个话题吸引听众注意，因为我们生活中的很多事都跟健康有关。例如，做环保主题的演讲时，如果只是冷冰冰地谈水资源、绿化、雾霾、温室效应等，关心的人就不会太多；如果将环境对人体健康造成影响的事例摆在听众面前，就会引起更多人的注意。销售产品的时候，健康同样是不可忽视的消费者的需求。例如，专门为改善生活环境而出现的净水器、空气净化器等产品，宣传这些产品时如果能抓住"健康"这个概念，就会吸引更多的消费者。

此外，情感也是人们津津乐道的话题之一。在这个世界上，没有人是独自生存的，不管是亲人、朋友、恋人还是同事，我们都需要与他们进行交流。交流时，自然会关注情感话题，甚至有时与我们无关的情感话题，我们也会关注，如名人逸事。所以，演讲者可以利用这一点，在演讲中增加一些与演讲内容有关的情感故事。这些情感故事并不局限于爱情，亲情、友情也可以成为演讲的内容。

听众喜欢听什么，我们就讲什么，所以我们做演讲之前要做足功课。这样不仅可以让演讲内容变得更加丰富，还可以吸引听众的注意力。

精准命题：根据受众类别调整演讲侧重点

　　只有让听众认可我们的演讲，认同我们传递的思想，才能达到演讲的目的。不同的人有不同的想法，如果我们想让不同群体的人接受我们的想法，就必须切中对方的关注点。

　　人在一生的不同阶段有着不同的需求。比如，年轻人热衷于展示自我、实现自我，打造属于自己的与众不同的人生；中年人在乎如何肩负起人生中要面对的责任，如家庭责任、社会责任，并将这些事情做得更好；老年人则更在乎如何让自己在余下的人生中过得更加健康，不仅是身体健康，还有心理健康。当然，这里只是粗略地按照年龄划分的不同演讲受众的关注点。

　　我们想要精准命题，归根结底，是利用不同听众群体的特点，让他们更加喜欢我们的演讲，乐于接受我们的思想。所以，我们要根据不同情况，将听众划分为不同的群体，更快地运用高效演讲的技巧。

1. 根据听众的经济状况调整演讲内容

不同经济状况的人思考问题的方向是不一样的，这主要涉及成本问题。经济状况比较好的人，容易接受用更高的成本去达到更好的效果；经济状况一般的人，更倾向于用适当的成本尽可能实现更多的效果。因此，如果面对的听众经济状况较好，就要将演讲重点放在效果上，因为这才是他们真正关心的；如果面对的是经济状况一般的听众，就要将成本作为关键内容，吸引听众的注意力。

2. 根据听众的年龄段调整演讲内容

人们在不同的年龄段肩负着不同的社会责任，所以做事的出发点和目标截然不同。不同年龄段的人活动的圈子是不一样的，每个圈子都有自己独特的关注点，且有属于自己的专有名词。演讲者如果想让自己的演讲变得更有吸引力、亲和力，演讲之前了解一下听众的年龄段，然后采用更贴近他们圈子的语言，能够起到非常好的效果。

3. 根据听众的职业改变演讲内容

当我们演讲时，听众的职业是影响演讲效果的重要因素。职业会影响思考方式，这绝不是空口白话。例如，文艺工作者在思考问题时会感性一些；经常与数字、数学打交道的人，思考问题的方式则更加理性。

了解这些对演讲方式有非常大的影响。对于比较感性的听众，可以用更多的故事吸引他们的注意力，用更多的情怀让他们认同演讲的内容；对于比较理性的听众，要注意演讲时语言的逻辑性，以及讲述的道理能否说得通。

4.感同身受，有无穷大的吸引力

不同的听众有不同的思考方式，想要吸引他们的注意力，就要有不同的侧重点。最能打动人的故事有时不是那些知名的、经典的或惊天动地的，而是发生在听众身边的事，因为与听众切身利益相关，使得这些事更有吸引力。一个故事里描述的状况，可能就有他们遇到这件事时可以使用的解决方案。所以，演讲内容越贴近生活，吸引力就越大，听众也越喜欢。

人们常说，千人千面。每位听众都有自己的想法，我们不可能将他们一概而论，但也不可能真正做到为每个人都制订一套演讲方案。因此，粗略地将听众划分为不同的群体，找出他们的共同特征，更有利于我们高效演讲。

去粗取精，让演讲内容更加丰满

演讲不能只有干巴巴的道理，这会引起听众反感，甚至会觉得演讲者是在说教。因此，演讲需要通过大量的材料来让内容变得更加丰满且听起来更有滋味。有些材料还能成为部分内容的佐证，增强演讲的说服力。

但是，我们不能什么材料都不假思索地放进去，有些材料在演讲中不仅起不到辅助演讲或者吸引听众的目的，甚至会产生反作用。所以，选取演讲材料时要去粗取精，让演讲内容更加丰满，更有吸引力。

在一次婚宴上，赵宇作为同学嘉宾发言。他说："人出生的结果便是死亡。既然知道了我们的最终归属，就应该加倍珍惜活着的日子，祝福这对新人在有生的日子里互敬互爱，永结同心……"下面的听众面面相觑，虽然赵宇同学讲得在理，但在这个大喜的日子里谈生死，显得很不协调啊！

由此可见，选择不恰当的材料对一位演讲者来说是多么失败。所以，我们一定要去粗取精、精挑细选，使所选材料达到辅助演讲的目的。

那么，选取材料有哪些标准呢？

1. 贴近大众生活

材料想要吸引人，就要让听众产生共鸣。例如，想要用时间吸引人，就要保证这个时间点不能距离我们太过遥远。在其他因素相同的情况下，昨天发生的事一般来说比 1000 年前的故事更有吸引力。因此，选取材料要尽量选择最近发生的事。

同理，地理位置与听众越是接近，听众的关注度就越高。一般来说，本市发生的事情比其他城市发生的事情更有吸引力，国内发生的事情比国外发生的事情更有吸引力。

同样的，我们身边的人身上发生的事也许比名人身上发生的事更有吸引力，而名人身上发生的事又比其他不知名人士身上发生的事更有吸引力。也就是说，想要让材料因为人物而变得有吸引力，要么选择我们身边的人，要么选择一个家喻户晓的人物。

要注意的是，事件是材料中的重要内容，其他因素都是为事件增添色彩。如果事件本身不出彩，不管发生的地点有多近，对当事人有多么熟悉，同样没有意义。所以，事情的起因、经过和结果一定要有与众不同的地方，重要的是，要与演讲主题相契合。

2. 热点事件

现在非常流行"蹭热点"，在自媒体时代，很多人都想引人注意，保证自己的热度和关注度，那么与热点事件挂钩无疑是个好办法。当然，将热点事件融入演讲内容并不是件容易的事。热点事件具有时效性强、变化快等特点，因此演讲者要注意所用热点材料的时效性，以及要阐述的内容是否出现相反的结果。否则很可能出现这样的情况：事情的真相与人们了解的截然不同，如果这时有人在台下直截了当地表示你的演讲材料是错的，那就下不来台了。

3. 要注意"雷区"

如今，人们的要求越来越高，你永远不会知道演讲材料冒犯了谁。为了保证演讲材料不出问题，一定要避开以下几个"雷区"：

性别。大众对于两性平等的呼声越来越高，用性别差异做材料很容易出现性别歧视的情况。一旦被扣上"性别歧视"的帽子，这场演讲将会产生与你的初衷完全相反的结果。

身体缺陷。与身体缺陷有关的材料很容易被人进行错误地解读，也很容易冒犯他人，引起不必要的误会，导致演讲以失败告终。

依据自身特质，选取演讲方式

世界上没有两片完全相同的树叶，也没有两个完全相同的人。每个人根据自身的经历，形成不同的性格以及对世界的独特理解，这就决定每个人的演讲方式都不一样，是无法复制的。

世界知名演讲家的演讲风格不尽相同，有的气势磅礴，有的幽默辛辣，有的温柔婉转，有的娓娓动人。我们可以学习与自己风格相近的演讲家，但绝不能照搬。只有根据自身特点打造属于自己的演讲方式，才是最有效的做法。

比如，相声这种演说方式就很难划分流派，因为每个人的风格都不一样。一个包袱，可能甲说出来观众就觉得好笑，乙说出来观众就不觉得好笑。演讲同样如此。

某位女星在《我是演说家》中做过一段很有力量的演讲，

演讲内容是告诉女性要自由选择自己的生活，不要照抄别人的活法，更不要盲目相信他人的观点，要活出自己的样子。事实上，在活出自我这一点上，这位女星正是身体力行。虽然名利双收，但她并没有放弃工作，去享受悠闲的生活，而是不断地加强学习充实自己，还把自己的档期排得满满的，接受扮演各种角色的挑战，追逐自己艺术梦想。

我们在演讲的时候，同样要结合自身情况，这对演讲来说有非常多的好处。因为人们在正式决定自己的好恶之前，会在潜意识中提前收集信息，其中非常重要的一点是，对方给自己的感觉是否真诚。演讲中的真诚、恳切是从什么地方传递出来的呢？主要就是自然的演讲方式。你平时习惯怎样的说话方式，演讲时就应该使用相同的方式，这样的演讲才是自然的，否则会给听众一种不和谐、不自然的感觉。

我们在演讲时，切记不要照搬别人的风格，更不能盲目挑战那些与自己完全不同的东西，这样不仅艰难，而且不自然。比如在直播行业，我们会发现那些大主播都有非常强烈的个人风格，观众正是被他们独特的风格所吸引。如果盲目地模仿，很可能会起反作用。

如何树立自己独特的演讲风格，可以注意以下几个方面：

1. 语速、语调

演讲时，根据情绪需要来改变语速和语调是常见的技巧之一。在不带太多感情色彩地陈述一件事的时候，我们的语速和语调应尽量接近平时讲话的方式。盲目地更改自己的语速和语调会让演讲变得不自然。

当然，这里说的是与平时讲话的方式接近，并不是完全一样。如果我们平时说话的语速太快或太慢，语调过高或过低，都不利于达到较好的演讲效果。最好是将语调和语速调整到正常范围，即大多数人都可接受的范围。

2. 说话的风格

生活中，有些人说起话来让人如沐春风，有些人则让人忍俊不禁，还有些人总让人觉得热血沸腾，这就是不同的说话方式带来的不同效果。

在某种程度上，演讲和平时说话没什么不同，但需要情绪更饱满、思想更集中。一个平日说话讽刺、辛辣、幽默的人，要让他突然变得温文尔雅是不现实的。因为一个人的说话方式是由其人生经历决定的，是他对人生、对世界的理解，如果强行改变，不仅听众听着不舒服，演讲者自己也会难受。

3. 不要轻易改变演讲中的人物设定

在这个社会中，每个人都扮演着属于自己的角色。你的个性和行事风格，早就被人贴上了标签。虽然有的人不喜欢被贴标签，但对演讲者来说，被贴标签未必不是好事。当你确立了自己的风格，被贴了标签，听众就会通过标签更快地认识你，再决定是否认可你，但前提是你要保证自己的人物设定不出现问题。

例如，你在前一次演讲中讲述自己童年的艰苦生活，第二次演讲时却说自己童年时期拥有不错的家庭条件，那你到底是怎样的？是从小在磨难中长大的孩子，还是家庭条件不错的孩子？前后不一致会让听众觉得自己受到了欺骗。所以，一旦决定要扮演某种角色，就要坚持把这个角色演下去。

不少演讲者习惯于将别人的故事变成自己的故事，让自己成为故事中的一个重要角色。这不是欺骗，而是一种手法，一种让听众更有代入感的手法。但是，一定要注意不能违背你的人物设定，而且要尽量贴近本人。

第三章　心态

所谓演讲障碍，其实是心未放开

☑　问问自己为什么害怕当众讲话

☑　不要慌，紧张是一种正常情绪

☑　正向暗示——我是大讲师

☑　反复情境训练，强化心理状态

☑　淡定一点，就算演讲失败也没关系

问问自己为什么害怕当众讲话

胆量是每一个演讲者都应该具备的基本能力。缺少胆量，不仅无法将自己的观点表达出来，甚至连站在演讲台上的勇气都没有。担心自己能不能讲好，讲的时候会不会出错，语言逻辑是否有问题……可能是因为信心不足。一般来说，缺乏自信是不敢当众讲话的主要原因。

那么，如何让自己充满自信呢？我们可以从两方面着手：一方面，克服心理障碍，不断告诉自己"我是最棒的"；另一方面，不断进行自我强化。如果你口才不好，没有做过任何演讲训练，也没有排查过演讲稿的逻辑问题，那么有什么能支撑你，让你知道自己有能力在众人面前演讲呢？显然是没有的。如果你能够做好准备，不断提升自我，并且感受到自己的进步，那么拥有自信就是自然而然、水到渠成的事。

值得注意的是，拥有自信是好事，但过度自信就有可能好事变坏事。当你错误地预估自己的能力，自信就会变成自大，导致你过早登上自己还无法驾驭的舞台。这个时候，你所展现的能力和取得的效果往往不能达到预期，于是就会遭受打击，自信也会一股脑地转化为自卑，成为你的束缚。

足够的准备是提升自信心的重要因素。不敢当众讲话，有时候并不是来自外部的影响。人贵有自知之明，虽然让自己充满自信不是件容易的事，但知道自己准备得是否充分却是很容易的。你的演讲稿写了多长时间，修改过多少次？材料准备得是否充分，内容是否有趣？你自己排练过，在认识的人面前展示过吗？如果这些你都做过了，大概就能知道自己的演讲能够达到什么效果。

不敢当众讲话的另一个原因是害怕出丑。每个人都害怕出丑，尊严是宝贵的，面子是重要的，但如果你想学会高效演讲，成为一名出色的演讲家，就不能害怕出丑。如果你想将自己的语言、表演转化成资本，以演讲为事业，或者是事业的一部分，你的心态就要有所转变。

表演者，很多都有出丑的经历，害怕出丑的表演者是不太可能获得成功的。因为越怕出丑就越紧张，越紧张就越会出丑，已经形成一种恶性循环。只有不害怕出丑，习惯出丑，将出丑看作成功的垫脚石，才能真正将自己展示在他人面前，神态自如地发表观点。

在上台的那一刻，你已不再是平日里的你，你的尊严、面子都是无关紧要的，重要的是，你能否做好这场演讲，达成目标。只要你走上演讲台，尽力了，即使没有达到预期的效果，你也没有完全失败。

所以，最重要的是敢于尝试。只要不断地尝试，并在这个基础上掌握语言表达的基本功，再学习一些演讲技巧，你的自信心就会慢慢地建立起来。

不要慌，紧张是一种正常情绪

紧张，每个人都会有。这种紧张可能是因为面对的是未知状况，可能是因为不自信，也可能是因为生理上的本能反应。

想象一下，当你身处一片漆黑的空间，周围没有一点声音，你一定会感到紧张。如果有人告诉你这是因为停电，你现在就在家里，你的紧张情绪就会缓解。所以，我们不妨将一些让自己感到紧张的场合转化成熟悉的场合。

有一位演讲家，在最开始演讲的时候不但感到紧张，甚至连完整的话都说不出来，但他很快就找到了缓解紧张的办法。他站在土堆上，对着自家茂密的玉米田练习演讲。当他真正演讲时，便把听众当作一株株玉米，这样就可以从容、自信、流畅地做完一场演讲了。

　　人在紧张的时候会心跳加速，肌肉僵硬，这些反应会让情绪越来越紧张，甚至无法控制。要解决生理上的紧张，需要掌握一些缓解的办法，最简单的就是调整呼吸，让呼吸处在一个平稳的状态。随着呼吸逐渐平稳，心跳也会恢复到正常频率，可以有效避免"越紧张，心跳越急促；心跳越急促，越是无法缓解紧张"的状况。轻柔而平稳的呼吸会让你的心跳逐渐平和，解决生理上的紧张带来的压力。

　　我们来看看别人缓解紧张的方法。比如，某位演员在上台表演之前总是会用全身的力气推墙壁。他认为自己用尽力气，身体就不会处于紧张状态，在舞台上就会表现得更好。

　　缓解紧张的方法，其实就是利用某种行为给自己一些心理暗示。人的内心是无比强大的，自我暗示能够帮助人们调节情绪。尽管很多缓解紧张的心理暗示看似毫无意义，但实际上只要这样做，很快就不会紧张了。因此，为自己制订一个充满仪式感的规则，养成一个充满仪式感的习惯，在演讲之前将这件事做一次，就能缓解自己的紧张情绪。

　　如果一般的方法已经无法缓解你的紧张情绪，不妨尝试一下脱敏疗法。

　　首先，将演讲的紧张情绪分成不同的级别，从 1 到 10，分为10 个级别。

　　想象自己要进行一场演讲——1

其次，我们要进行从生理到心理的全面放松训练，用最快的方式让自己放松下来。第一，让全身肌肉松弛下来，使心跳进入平稳的状态；第二，深呼吸，想象自己处在一个惬意、放松的场景。

当我们习惯放松的感觉，就可以开始运用脱敏疗法。

首先，进入放松状态，想象自己要进行一场演讲。这种想象一定要逼真，进入状态才有效果。当自己感到紧张时，就进入1级紧张情绪，然后重复放松操作。其次，回到放松状态后，开始想象自己明天就要演讲，如果再次感到紧张，就来到了2级紧张情绪，需要再次进行放松操作……如此反复进入放松状态以后，就开始提高自己的紧张程度。这就是脱敏疗法，可以帮助我们缓解紧张情绪。

每次尝试最好不要超过4个等级，如果某个阶段的紧张是我们无法平复、无法放松的，就重新回到上一阶段，直到我们适应想象中的状态为止。当假想训练完全通过后，就可以进行实地操作。

摆脱紧张情绪是我们演讲路上的一道难关。如果始终无法摆脱紧张情绪，也不要认为自己就不能演讲了。只要紧张情绪不是非常强烈，不会影响发挥就可以。世界上并没有内心强大到完全不紧张的人，演讲之前有一些紧张情绪是很正常的，只要在可控范围内就不可怕。

正向暗示——我是大讲师

2011年，电影《国王的演讲》风靡全球，几乎囊括了当年各大电影节的奖项。这部电影讲述了英国国王乔治六世的经历，是在真实历史事件的基础上改编的。乔治六世因为从小口吃，始终无法在公众面前演讲。但在乔治五世去世以后，他临危受命，于是在医生的治疗下改掉口吃的毛病，还发表了著名的反法西斯演讲。在电影中，医生除了采用常规疗法治疗外，还使用心理暗示的方法，让乔治六世彻底克服了演讲时胆怯的心理。

一位口吃的人屡次碰壁以后，再次面对演讲时，内心的感受可不仅仅是紧张那么简单，甚至可以说，是充满恐惧的。但就是这样一个人，却成功克服自己的弱点，发表了演讲。对乔治六世而言，演讲所面临的问题是口吃加上数次演讲失败的经历。这个故事说明，只要我们找对方法，就可以解决演讲中的难题，成功地发表演讲。

心理暗示是克服演讲困难的方法之一。心理学家巴甫洛夫认为，暗示是人类最简单、最典型的条件反射。只要我们主观上认为自己可以做到，内心就会倾向于自己能够做到，进而调动所有的力量朝着这个方向努力。

心理暗示的应用十分普遍，有显著的效果。现在的电视广告里就有大量的心理暗示，例如，某某洗发水可以让你的头发顺滑或没有头屑；某某品牌的产品是成功男士的选择；某某食品富含营养，能让儿童茁壮成长……我们每天都在接受大量的心理暗示，有外界的，也有自己的。那么，我们给自己的心理暗示能够产生反应吗？当然可以。人们常说不要自己吓自己，就是这个原因。你笃信会遭遇某件不好的事，它就可能真的会发生。例如，你觉得午餐是用过期食材制作的，于是反复去想，反复心理暗示，很快就会感到胃不舒服，甚至呕吐。

既然心理暗示的作用如此强大，我们也可以运用心理暗示，让自己更有勇气面对演讲，在演讲台上取得更好的成绩。当然，心理暗示不是对着镜子说几句"我是大讲师"就能做到的。要想让心理暗示取得更好的效果，应注意以下两点：

1. 心理暗示不应太过直白

没有什么事情是可以一蹴而就的，特别是我们距离"大讲师"还差得很远的时候。对不同的能力分别进行暗示，是一种更加稳妥的做法。我们可以先暗示自己口才不错，如"我的口才已经非常出色，能够在适当的情况下转换合适的语气、语调和语速，流畅地表达自己的观点"；然后对自己的其他方面进行暗示，比如"我这次的稿件是精心准备的，吸引人的部分非常多，不管是谁，都无法不被我的演讲稿吸引"；接着对自己的临场能力进行暗示，如"我为这场演讲做了足够的准备，各种问题和突发状况，我都有应对方案。即便出现状况之外的事情，凭着我事先准备的大量材料和孙悟空一样的反应速度，肯定能够顺利解决"；最后，我们可以得出结论："我是大讲师。"

这个过程是不是比直接告诉自己"我是大讲师"要合理得多？想要给自己心理暗示，就要相信自己。如果都不能说服自己，不管暗示多少次都无济于事。先将"大讲师"需要的能力进行拆分，再分别暗示，最终顺理成章地得出那个说服自己的结论。

需要注意的是，我们虽然拆解了结论，但不代表要将心理暗示复杂化。我们最终得出的结论有一个就好，而不是要得出一个又一个复杂结论。太复杂的心理暗示难以实现，因为越是复杂的内容，越容易引发自我怀疑。

2. 用事实"证明"自己已经是大讲师

这句话可能会使不少人产生疑惑。明明自己不是大讲师,才需要心理暗示,如果是事实,又何必进行暗示呢?

其实,大讲师本身难以界定,有谁规定有了怎样的成绩才是大讲师吗?显然没有。没有人为大讲师下定义,但我们可以证明自己是出色的,可以胜任大讲师。

比如,这个演讲稿"我"已经练习了 10 次,听过"我"演讲的朋友都表示讲得不错,这次演讲也有几十个听众。既然"我"已经拥有这些"成就",能不能算大讲师呢?即使"我"不是大讲师,起码也是一个合格的演讲家。既然我已经是合格的演讲家,为什么还要紧张呢?

反复情境训练，强化心理状态

面对一件陌生的事情，我们难免会紧张，但逐渐熟悉这件事以后，可能会发现这件事就像吃饭、睡觉、喝水一样，没有什么大不了的，该做的时候去做就行了。

演讲也是如此，我们可以通过反复训练，把它变成一件熟悉的、平凡的事。实际上，很多演讲大师都经历过心理方面的训练，尤其是情境训练，比如，假设自己在演讲台上向无数听众发表演讲。这样的情境训练有助于减轻真正演讲时的压力。当你进行大量的情境训练后，就习惯了站在演讲台上，习惯了演讲这个场合。真正让你感到紧张的不是演讲本身，而是想起自己要当众演讲这件事。

为了克服紧张情绪而进行情境训练时，不断地告诉自己要演讲了，想象自己即将登上演讲台，也是非常重要的。紧张对于演讲的影响，更多的是在上台之前就已经埋下了种子。如果上了演讲台还没有得到化解，你可能会越来越紧张，表现得越来越差。

所以，进行情境训练时，除了练习演讲过程，演讲的开始和结尾也非常重要。

好的开始是成功的一半，每个演讲者都会精心设计自己的开场白，但是很多演讲者的失败也是从开头就注定了：由于紧张，精心设计的开场，五句忘了三句；由于紧张，为后面故事做的铺垫没有做好；由于紧张，想要吸引听众的包袱也没有抖出来……平平无奇的开场，只会让听众觉得自己又遇到了一场无趣的演讲。可以说，开场紧张比演讲到一半才开始紧张更加可怕。如果开场就紧张，忘记自己要说什么，演讲就很难再进行下去。

对演讲中间部分的练习也非常重要。我们展现演讲主题，传递思想，靠的都是中间部分。这部分是演讲的精华，也是演讲者真正想要告诉听众的内容。

很多演讲者开场时并不紧张，因为他们有很多事情需要思考，如上台时的步伐、音调的高低、声音的大小，以及那些千万不能忘记的、用来吸引听众的开场白。

当演讲进行到某个节点时，情况就可能发生巨大的变化。演讲者一边说话，一边注意台下的情况，突然被台下整整齐齐的听众吓到，这时紧张就找上门来了。演讲者的脑海中突然一片空白，原本设计好的转折和承上启下的句子以及与听众的互动，全被抛在脑后，甚至连演讲的主题都忘记了。演讲中经常出现的忘词，往往就是因为遭遇了突如其来的紧张。

演讲稿中的大段内容一般是难以忘记的，容易忘记的是承上启下的句子以及设计好的精妙的转场内容。因此，进行情境训练时，这一部分是我们要重点练习的，以保证整场演讲的流畅度。

结尾同样是演讲的重要环节。如何收尾，决定了我们能否升华演讲主题，给听众留下深刻的印象。如果我们的演讲能够打动听众，听众都听得聚精会神，那么演讲便算是成功了一半，另外一半，在于听众能否记得我们。

因此，我们同样要练习如何讲一个好结尾。这个结尾既要能升华演讲主题，还要让听众对演讲者产生深刻的印象。如果因为缺少练习而导致演讲结尾时紧张，即使设计巧妙也无济于事。

无论如何，练习是消除紧张的有效方法，大量的练习能够让我们习惯演讲中的每一个环节。当我们彻底习惯"自己要登台演讲"这一事实，便会发现自己面临演讲时，就如同去餐厅吃饭那样自然。

淡定一点，就算演讲失败也没关系

拒绝走上演讲台，的确比选择走上演讲台挑战自我更加轻松，让你选择拒绝的理由可能是觉得自己能力不足。但是，如果不能走出这一步，那你永远没有办法知道自己究竟能不能做好一场演讲，不知道自己能否成为一名出色的演讲者，也没办法知道自己的短板在哪里。

害怕出丑、担心自己做不好是很正常的。很多时候，不如淡定一点。即便没有能力，即便会出丑，只要讲了，你就距离自己的目标更近一步。就算讲得不尽人意，也胜过不讲。

不要觉得自己紧张，这场演讲就一定会失败；不要觉得自己还没有准备好，能力不够，就没必要上演讲台。上台总比不上好。

马克·吐温虽是文学家，但他一生中的大部分收入来源并不是写作，而是演讲。他曾说，世界上只有两种演讲家，一种是紧张的，另一种是假装不紧张的。这句话或许说得绝对，但也证明马克·吐温演讲时也会受到紧张情绪的影响。

从上述例子可以看出，即便拥有丰富的演讲经验，也无法做到毫不紧张地上台。因此，当我们走上演讲台时，不管这场演讲做得如何，都已经成功了。世界上有那么多害怕演讲的人，因为没有勇气，可能一生都不会走上演讲台，不敢在公共场合表达自己的真实想法。我们敢于走出这一步，就已经超过了很多人。

不要觉得"不尽人意地讲也是一种成功"是毫无根据的自我激励，是在给自己找面子。其实，即便是表现不完美，也能让我们有很多收获。

1. 提升心理素质，缓解紧张状态

一回生，二回熟。如果一件事你从来没有做过，那么这件事对你来说就是未知的。如果你做过了，不管做得好不好，那层神秘的面纱就已被挑开。当未知变成已知的时候，即使展现在你面前的是一条充满荆棘的道路，也比一无所知带来的压力小。

我们不断演讲的过程，也是不断熟练、习惯演讲的过程。哪怕是在演讲时遭遇听众的嘲笑，只要讲得次数足够多，缓解并控制紧张情绪一定不是问题。即使最终演讲效果不出彩，我们也能在紧张状态下控制自己的情绪，将自己好的一面展示出来。

2. 找到改进的方向，提升演讲能力

纸上得来终觉浅，绝知此事要躬行。虽然在演讲前不断进行脑内训练对结果会有一定的提高，但这是建立在有实际操作的情况下，建立在不断检验自己的脑内训练是否正确的基础上。如果不去做，仅仅是在脑内训练，岂不成了"云演说家"？想要知道自己演讲得好不好，演讲方式是否适合自己，最好的办法就是实践。

即便是演讲不成功，也能够了解自己哪里还需要改进，哪部分内容能够让听众喜欢。通过不断实践、不断总结，便能不断改进演讲方式、演讲内容，不断提升自己的演讲能力。

3. 了解听众的反馈，改进不足

演讲是否成功，并不能完全通过自我认知来确定，听众的反馈是我们衡量演讲成功与否的最终标准。不肯尝试，担心自己会出丑，就只能闭门造车，真实的听众会有什么反应，我们永远都不知道。

面对尴尬，面对出丑，不妨淡定一些。只要我们心态平和，找出自己的不足之处，勤加练习，我们也会成为真正的大讲师。

第四章 构建

每一场高效演讲，都有其黄金结构

☑ 主线：你需要什么样的主题

☑ 纽带：与听众建立信任关系

☑ 开场：两三句话引发听众兴趣

☑ 坡道：讲述一个带动情绪的好故事

☑ 路线：循循善诱，带听众进入演讲流程

☑ 要点：清晰有力地传达重点内容

☑ 刺激：让听众主动发现演讲要点

☑ 结尾：余音绕梁，让听众无法忘记你的演讲

主线：你需要什么样的主题

在演讲前，我们要选好主题，根据主题去列演讲稿的框架，提炼鲜明的论点以及贴切、生动的论据，使演讲更出彩，更打动人。如果主题选得不好，不仅演讲会变得比较难，而且听众也很难产生认同感。所以，我们要精挑细选，认真确定演讲主题。

演讲需要什么样的主题呢？每次演讲的主题不是被限定好的吗？当然不是。即使演讲有固定的主题或相同的问题，但看问题的角度不一样，演讲内容就不一样。

演讲是为了让更多的人了解我们想要表达的思想，明白并记住我们想要传达的观点。因此，选择演讲主题时，应该简单明了。如果主题复杂，让人难以理解，就很难把听众带入演讲之中。听众需要思考我们到底想要说什么，时间一长，听众就不会关注这场不知所云的演讲。这样的演讲主题显然是不合格的。

　　例如，"如何通过某某减肥法保持自己的身材"和"如何通过锻炼来保持自己的身材"，显然后者更加简洁明了。如果将后者变成"如何锻炼减肥"，效果就更好了。演讲主题越简单就越突出，能够让人马上知道我们想要表达的内容。演讲主题越复杂，越难以让听众理解。

　　演讲主题的范围也非常重要。同样的题目，不同的范围，对人们的吸引力大不一样，演讲者能够掌控的程度也不同。如果演讲者将主题范围设定得非常大，就需要更多的例子来佐证。越是庞大的主题就越容易被人找到漏洞，提出相反的意见。

　　所以，选择演讲主题时，我们要尽可能地缩小范围，范围太大则难以驾驭。例如，"环保"这个主题就很大，如果将主题缩小到绿化、水资源、气候变暖或海洋污染等就好讲得多。如果再为这个主题限定地区、时间，就更容易讲了。

　　演讲主题不仅要简单明了，而且要贴近听众，让听众理解。这意味着最好能让听众感同身受，不要因为有些主题很有话题性、很深刻，就贸然选择。如果听众对演讲主题无法共鸣，演讲也不会成功。

　　要想调动听众的情绪，让听众产生认同感，演讲者自身的表现也非常重要。演讲时的语气、语调可以通过训练来控制，但情绪起伏却不容易控制。所以，要选择那些让我们感悟较深、触动较多的演讲主题，这样才能在演讲时表现得慷慨激昂，让听众感动，引发听众深思。

　　演讲主题还应尽量选择自己熟悉的领域，这样能有更多的素材和更多真实的故事，并能轻车熟路地将听众带入自己的演讲中。演讲大师一般都会做自己熟悉领域的演讲，尽量不去触碰自己不熟悉的领域。这不仅是因为术业有专攻，更是因为在自己熟悉的领域演讲，能做到如数家珍，能有更好的临场发挥。

纽带：与听众建立信任关系

信任是人与人之间交往、交流的基础。如果我们不信任某个人，自然不愿意与他有任何交集，也不会相信他说的话。作为演讲者，要达到说服别人、让别人接受我们的观点的目标，便要尽可能地与听众建立信任关系。

人与人之间建立信任关系，是从彼此见面的第一眼开始的。虽然不是所有人都以貌取人，但不可否认，每个人的潜意识里都有自己的评判标准，比如什么样的人值得信任、什么样的人不值得信任。有些人觉得长相憨厚、声音低沉、穿着朴素的人值得信任，有些人则愿意信任那些精明强干、穿着考究的人。

有人做过一个调查，让一位穿着干净、整洁的人和一位穿着邋遢的人分别向路人借钱，结果大多数人都愿意将将钱借给那位穿着干净、整洁的人。

这就是信任关系的建立。在这个调查中，两个人都承诺很快就会还钱。结果显示，那位穿着邋遢的人被信任的程度远远低于衣着整洁的人。

我们很容易从中得到启示。我们用语言、声音与听众进行交流，听众是否选择信任我们，往往是从看见我们的一瞬间就开始了。所以，从外貌着手，是我们与听众建立信任关系的第一步。

那么，什么样的外貌更能获得听众的信任呢？能让听众信任的自然是他们的"自己人"。想要与听众建立信任关系，第一步就是在装束上接近他们。

比如，在学校演讲时，就在穿着上充满活力；对老年人演讲时，则要穿得稳重一些。

当然，既然是打扮，就要既美观又适合个人情况。如果你的年龄已经不小，在向学生演讲时就不用穿得太过新潮；如果你的年龄不大，面向老年人演讲的时候，也不需要穿得过于保守。不符合个人实际情况的打扮，只会让听众觉得你很怪异。

如果你面对的是一个很难划分的群体，或者很难针对这个群体做出相应的打扮，那么该用怎样的装扮来面对听众，让听众产生信任呢？非常简单，只要打扮得够专业就可以了。

人们一般都信任权威，权威意味着在某个领域有比普通人更多的了解和建树。权威人士讲的话，一般比普通人说的更加可信。电视广告就经常使用权威形象对消费者做暗示，取得消费者的信任。例如，医生穿上白大褂，在节目里讲解某保健品的功效。之所以穿白大褂，就是在告诉观众，他是权威人士，值得信任。

我们在演讲的时候，同样应该展示自己专业的一面，不同的演讲内容就穿成不同的样子。如果实在没有相应的服装，那就穿得整洁、干净、体面。

在与听众建立信任关系时，除了穿着，演讲者的态度也非常重要。想要让别人信任你，首先你要信任自己。如果你缺乏自信，就会反映到你的精神面貌上来。当你站上演讲台，听众看见你的样子都觉得你紧张，又如何相信你说的话呢？

自信是一种态度，拥有自信的人自然带有强大的气场。这种气场能够感染听众，让他们觉得你值得信任。当然，自信不代表自傲。当你向听众展示自信时，千万不能让他们觉得你很傲慢。

演讲时，想要让听众认为我们是"自己人"，亲和力是非常重要的。笑容，特别是微笑，很容易让人产生亲切感。只要用好这个工具，我们很快就能让听众产生亲切感，进而产生信任感。

听众是否信任我们，往往是一瞬间的事，但由此产生的影响却会贯穿整个演讲。如果听众信任我们，那我们讲的内容就会得到认可；如果听众质疑我们，那我们无论说什么都会有人反驳。与听众建立信任关系是演讲中的重要一环，不容忽视。

开场：两三句话引发听众兴趣

有人说，演讲最重要的就是开场的三分钟。这种说法虽然不完全正确，但有一定的道理。想要引起听众的兴趣，让听众集中注意力，必须重视开场的短短几分钟。如果开场的两三句话能够吸引听众的注意力，并打动他们，这场演讲便成功了一半。

引发听众兴趣的一个简单方法是抛出一个大家感兴趣的问题，听众听了提问以后，思路就会跟着演讲者走，思考答案究竟是什么。他们或许能够得到答案，或许得不到答案，总之，想要知道正确答案是什么，就会认真听演讲。

2005年，斯坦福大学请来J先生做了一场演讲。在开始演讲的前三句话里，J先生就抛出了自己的问题："我在里德学院学习了6个月便开始休学，在毕业之前，我一共休学了 18 个月。那么，我为什么休学？"提出这个问题以后，在场的听众鸦雀无声，认真地听他讲述自己的故事，渴望得到这个问题的答案。J 先生从自己的家庭、出生、求学等开始讲起，一直讲到大学才揭晓答案。在整个过程中，听众都将注意力放在演讲者身上，生怕错过这个问题的答案。

提问式开场白是很多演讲者都使用的技巧，但不见得每个人都能用好。提问简单，问得好却不容易。如果提问太难，听众会失去思考的兴趣；如果提问太简单，听众马上就能得到答案；如果提问过于轻浮，听众会觉得莫名其妙；如果提问太生硬，听众又容易产生抵触情绪。所以，一定要掌握好尺度，要精心设计、恰到好处，才能更好地发挥提问式开场白的优势。

除了提问，听众的注意力还会被什么吸引呢？其实，每个人都有探究的天性，对趣闻逸事充满兴趣，对一些听起来荒谬的事情充满好奇。如果我们在开场的时候抛出一个新奇的言论，听众势必会集中注意力，听听我们为什么会有这样的奇思妙想。

曾有一位知名的废奴主义者，一生都在为让黑人与妇女获得权利而奋斗。在一次演讲中，她是这样开场的："孩子们，这里那么吵闹，一定是有什么不对劲的地方。南方的黑奴和北方的妇女，没有一个不在谈论女权。再这样下去，白人男性就有难了。"

当时美国社会最有权势的就是白人男性，"白人男性就有难了"在当时听起来再荒谬不过。她的话音刚落，嘈杂的会场马上安静下来，所有人都竖起耳朵，听她究竟要说些什么。

运用这种技巧，要学会卖关子。既然抛出了新奇的言论，就不要急着告诉听众"为什么"。只有让他们不断地渴望从演讲者的话语中得到答案，才能让他们把注意力集中在演讲当中。如果过早地揭晓谜底，演讲对他们的吸引力就会下降。

趣闻逸事人人都爱，如果演讲中提到的故事并不新奇却足够有趣，也能够吸引人们的注意力。不少演讲者会以发生在自己身上的故事作为开场白。比如，你在演讲开始时就直白地说："我今天的演讲只说 3 个发生在我身上的故事，不讲什么大道理，3 个故事就够了。"这就足以唤起人们的好奇心。因为人们不喜欢听别人说教，也不喜欢干巴巴的大道理。如果要人们选择是从故事中学习，还是从说教中学习，相信很多人会毫不犹豫地选择故事。所以，在演讲中，故事非常重要，特别是开场故事，既能向听众传递思想，更重要的是吸引听众的注意力。

人们喜欢听故事，但故事毕竟是发生在别人身上的事。如果是与自己有关的，特别是与自己利益相关的事，人们更会打起精神全神贯注地去听、去想，一个字都不肯错过。所以，想要吸引听众的注意力，不妨先告诉他们这场演讲能够给他们带来什么。

比如下面这个演讲的开场白：

> 人人都希望拥有美好的爱情，但假如你失恋了，怎么办？人人都希望自己健康地活着，假如有人告诉你，你的生命只有一个月了，你将怎样度过？人人都渴望得到幸福，然而你是否知道"幸福"二字的真正含意……总而言之，你知不知道自己为什么活着？怎样更好地、更有意义地活着？下面，我就一一回答这些问题。

这个开场白吸引了听众的注意力，因为这些问题关乎人们的切身利益，没有人不想知道答案。

开场白的重要性已经无须赘述，短短几句话、几分钟起到的效果是后面的长篇大论难以企及的。但要注意的是，开场白毕竟是开场白，只负责吸引听众的注意力。开场白越是精妙，主体内容越要充实，否则精致的开场白反而会使主体内容显得苍白无力。

坡道：讲述一个带动情绪的好故事

坡道，一个演讲中常见的名词，主要指演讲者在开场部分所说的话。很多演讲者都会有一个错误的想法，那就是觉得自己的开场白足够巧妙，在开场白结束以后，听众就已经把注意力集中在演讲当中，也集中在演讲者身上了。在巧妙的开场白结束的时候，听众的注意力虽然集中在演讲者身上，但是这种集中不是长久的。我们还要用坡道进行引导，使听众的注意力实现长时间的集中。

比较适合当坡道的内容，就是故事。开场白之后，演讲者还没有进入状态，此时正式开讲可能无法起到很好的效果。在开场白之后的坡道部分讲故事，只需用自己习惯的演讲技巧将熟知的内容表现出来，并不需要思考。一个合适的故事拥有足够的时长，能够为演讲者进入状态争取时间。

选择故事是有诀窍的，每个故事都有其独特功能。有的故事起承上启下的作用，有的故事能够突显、强化主题，还有一些故事主要是为了吸引听众。在坡道部分讲的故事，要求却和其他故事不太一样。坡道故事要发挥引子的作用，既能引出主题，又能引发听众思考。为什么？怎么会？是什么引起的？至少要有一个问题能够让我们将话题引入主题。

如果坡道故事没有起到将话题引入主题的作用，就无法顺利地让听众继续关注，甚至当演讲正式进入主题时，听众都会觉得莫名其妙。

坡道故事的长度也很重要。我们需要坡道故事占据开场白结束之后的一段时间，让演讲者有足够的时间进入状态，为听众奉献准备好的演讲内容。所以，坡道故事的长度要按照演讲者个人进入状态的时间来设定，既不能太长，也不能太短。

我们做的是演讲，而不是故事会。听众虽然爱听故事，但并不是专门来听故事的。太长的故事会让听众感到厌烦，质疑演讲者的水平。在听众尚未明确演讲主题时，故事越长，就越难引出演讲主题。

坡道故事的另一个作用是暖场。在演讲刚开始的时候，演讲者与听众之间是陌生的。大多数演讲者虽然会用开场白来介绍自己，让听众认识自己，但即便是在正常的社交环境中，我们也不是从双方进行自我介绍时就开始产生感情的。我们需要一定的时间让听众转化情感，对我们逐渐产生熟悉的感觉，进而信任我们。

坡道故事能帮助我们与听众建立信任关系，那么在这个阶段，演讲气氛应该是柔和的、亲切的、温暖的。所以，坡道故事不能太严肃、太沉重，而应该选择相对温和或者幽默的故事。如果故事过于吸引人，听众就会完全被故事吸引，反而忽略演讲者及演讲主题。

　　作家周光宁在一场演讲的开场白中引用一段新闻报道：

　　一个四年级的小学生，每天都要带父母亲手剥了蛋壳的鸡蛋到学校吃。有一次，父母忘了给鸡蛋剥壳，差点憋坏了孩子。他对着鸡蛋左瞅右看，不知如何下口，结果只好把鸡蛋带回家。母亲问他怎么不吃鸡蛋，他的回答很简单："没有缝，我怎么吃？"

　　周光宁通过小学生不会剥鸡蛋这样一则新闻报道开头，把听众引入自己的演讲主题：全社会都要重视培养孩子们独立生活的能力和战胜困难的勇气。

　　这个开场白看似夸张，但现实中确实存在这样的现象。很多父母宠爱孩子，想给孩子幸福的生活，舍不得让孩子干一点活儿，甚至孩子力所能及的事情，父母也是包办代办。但是，相信没有哪个家长是希望把孩子养废的，所以，这个开场白吸引了所有人的注意力，都想了解应该如何培养孩子们的自理能力。

总的来说，演讲的坡道故事要能调动听众的情绪，吸引听众的注意力，还要能营造良好的演讲氛围。

路线：循循善诱，带听众进入演讲流程

演讲是有过程的，不同的步骤包含不同的内容。演讲者需要带着听众从演讲的开头走向高潮，再走到结尾。但是每个听众的关注点不一样，思维方式也不同，演讲者有义务激发听众的兴趣，并为他们选出合适的演讲路线。

演讲路线其实就是演讲流程。这个流程做得好，听众就不会因为跟不上演讲者的节奏而中途离场，错过演讲内容。

一般来说，演讲者常使用的方法是开门见山。演讲者想要让听众跟随自己进入下一阶段时，需要做出明显的提示，告诉听众之前的部分已经结束，要进入下一部分了。这种方式比较简单，不需要思考如何巧妙地暗示听众，也不需要设计特殊环节，就如同在家把饭做好了叫人吃饭一样，只要说一声就可以了。但是，这种方式同样存在问题。

比如，演讲者不小心将"门"开得太大，把自己要说的事情以及演讲时间等一股脑地告诉听众。这就如同一段旅程，你直接告诉第一次走这段路的人："我们接下来要步行10公里，经过7个地点。"即便这10公里的风景无比美妙，7个地点都值得一看，但听到这段话的人也许就会觉得身心俱疲，不想去看风景了。

所以，开门见山可以，但"门"不要开得太大，否则就容易失去兴趣。

再如，演讲者脑海中没有一个清晰的演讲路线，随心所欲地想带听众去哪里，就带听众去哪里。这种做法很容易导致听众逻辑上的混乱，毕竟听众不是演讲者本人，在无序的演讲面前很容易弄错因果关系，或者误以为两件毫不相关的事情是有因果关系的。

有一位演讲者在演讲时，先是讲了一段自己几天前遇到的事情，提到自己的英语还不错，接下来又讲了一段几年之前的事情，提到自己的英语并不好。虽然他交代了时间背景，但还是有不少听众不知道他的英语到底是好还是不好。

这种情况并不罕见。即便听众全神贯注地听，但每个人留意的关键词不一样。有些人听的时候不会错过任何细节，即便颠倒了时间顺序，也能够理解演讲者在说什么；但有些人更加在意关键内容，就难免漏掉一些背景。这样没有规划好路线的演讲者，很容易让听众一头雾水。

互动是引领听众进入演讲者规划的路线的方法之一。不少演讲者会在演讲中设置互动环节，主要方式是提问，利用问题引起听众思考，让听众主动跟随演讲者的脚步。

互动还能保证演讲路线一直按照计划进行。一些伟大的演讲家并不惧怕听众提问，因为他们有掌控演讲路线的技巧。即便听众提出的问题与自己设定的路线毫无关系，他们也能顺势将相关内容引回正轨。有些演讲者害怕被听众打乱节奏，自己本来要在后面谈到的内容却被听众先提了出来，这时应该如何回答呢？如果回答了，后面的内容会被率先揭破，再讲那部分内容时就会少了很多新意。如果不回答，又会引起听众不满。如果用“这个问题我们一会儿再说”这样的回答，一部分想要知道答案的听众会非常心急，也许就无心去听其他内容了。

所以，与其被动地等听众提问，不如在演讲开始时就告诉听众：“我们有一个提问环节，不管现在有什么疑问，请务必先忍住。到提问环节时，我们一个个解决这些问题。”这样既能保证演讲按照自己设计的流程进行，又能让听众毫无顾虑地认真听演讲。

想要让每位听众都能跟上演讲者的思路，就要认真规划演讲路线，设计每个环节的内容。我们不能要求每位听众都能一点就通，也不能保证听众稍稍思考就全都明白，所以演讲者要有耐心，等一等听众，给他们思考的时间，让他们跟着演讲者规划的路线一步一步走，一个环节一个环节地来，这样有助于保证演讲效果。

要点：清晰有力地传达重点内容

在文稿的撰写上，有"虎头、猪肚、豹尾"的说法。我们在撰写演讲稿时，有充足的时间准备，完全可以让"猪肚"变得更加丰富，更加吸引人。

态度上的重视，不仅体现在演讲之前，在演讲中开始讲重点问题的时候，更要端正态度，严肃认真。演讲刚刚开始的时候，我们可以用幽默讽刺等方式来吸引听众，但讲到重点问题时，我们要表现出重视这段内容的态度。只有我们严肃起来，听众才能认真地听。我们的态度时刻影响听众的态度，如果我们在讲述重点内容时仍然嬉皮笑脸，那么听众也会觉得这段内容并不需要重视。

不仅态度上要重视，演讲方式上也要做出相应的改变，根据情况调整说话节奏。有些内容要一口气讲完，中间不要有停顿，使语言起到叠加效果。一波又一波的语言如同海浪一样越来越强，最终爆发出惊人的力量。当我们将大段内容一股脑地传递给听众时，听众也会感受到我们的汹涌澎湃，明白我们要说的内容，更能体会到我们对这部分内容的重视。

停顿也是非常重要的。演讲要表达的重点问题必然有一定的深度，听众可能不是一听就明白。当听众遇到不明白的问题时会怎么做呢？有些人可能会事后再思考，有些人则会放弃。无论如何，听众如果不能马上想明白，也许就无法很好地跟上我们的脚步。停顿能够留给听众思考的时间，让听众更好地吸收演讲内容，理解我们想要表达的重点。

在调整演讲节奏时，要相应调整演讲的声音。我们在开场讲故事时，可以将音调放得较高，再用较快的语速营造欢快的氛围。这种氛围既能让听众感到舒适，还能吸引他们的注意力。在讲述重要问题时，音调应该相对低沉。当我们的音调逐渐低沉，与讲其他内容形成鲜明的对比时，听众也会知道我们接下来要说的内容是严肃的，需要认真去听。

放慢语速也有同样的效果，能够营造严肃的氛围，让听众更加清晰地听到重点内容。慢语速配合低沉的语调会有一种厚重感和力量感。这种感觉会突显我们将要说的重点内容，使其更有说服力。

清晰有力是演讲时传达重点内容的要求。不管是态度上的重视还是语言上的调整，都是为了将重点内容表达得更加清晰，使我们要说的内容更有力量，在听众心中留下更深刻的印象。

1904 年，当时的北京大学还叫作京师大学堂。京师大学堂首任总监督张亨嘉到任以后，在全校师生面前发表就职演讲。与人们所熟知的冗长的就职演讲不同，张亨嘉的就职演讲十分简短，他说："诸生听训，诸生为国求学，努力自爱。"

整场演讲只有短短一句话，却清晰有力地将张亨嘉想要表达的重点内容传递给在场师生。毫无疑问，这样的演讲极具震撼力，令人印象深刻。由此可以看出，能够将重点内容清晰地传达给听众是多么重要。

刺激：让听众主动发现演讲要点

为了吸引听众，我们做好了开场白；为了让听众跟上演讲思路，我们规划了路线；为了让听众迅速地从一个部分到达另一个部分，我们设计了坡道。那么，登上坡道以后呢？从下坡走到上坡途中应该能看见一些风景，而听众将要看到的风景，就是我们设计好的演讲要点。

为什么要让听众主动发现演讲要点？这主要是因为人们一般都有逆反心理，对不是特别熟悉的人都有防备之心。一名销售人员努力地为客户推荐产品，客户的第一反应往往不是"他这么努力地推荐，这件商品应该真的适合我"，而是"他这么卖力地推荐，是不是这款产品的提成比较高"，"他让我买的这件产品，我也没觉得多适合我，是不是卖不掉了才一直向我推荐"。如果是客户自己喜欢的东西，就很少出现这种情况。销售人员越是推荐客户一来就看上的商品，客户越会觉得自己眼光优秀。

演讲也是如此。如果我们强行将自己的想法推荐给听众，可能会让部分听众产生反感。但如果听众能自己发现演讲中的要点，就能更快地在思想上与演讲者达成一致。因为这个东西不是别人推荐给他的，不存在利益关系，而自己总不会害自己。所以，让听众主动发现演讲中的要点就显得非常重要。

那么，如何才能让听众主动发现演讲中的要点呢？

首先，一场演讲的要点最好不超过3个，如果只有一个要点就再好不过了。如果我们在演讲中想要表达的内容很多，就需要对要点进行归类和凝练。人的能力是有限的，台下的听众不可能完全知道演讲者想要表达的内容。要点越多，听众就越难发现，也就难以和演讲者达成共识。

比如，演讲的要点有生产安全问题、生产效率问题、生产成本问题、员工工作时间和员工工作态度、产品质量问题，对这些要点进行分类以后，可以凝练成生产问题、员工管理问题和产品问题。别看只有3个要点的区别，但从大脑的记忆方式来说，就是记得住与记不住的根本差别。

其次，调动听众发现演讲要点的积极性，而不是等听众发现要点。一些互动、提问和暗示都是有必要的。虽然我们不一定会用，但一定要准备。当听众的表现和我们想的不一样时，就要主动出击，不错过任何机会。

最后，递进式的演讲方式有助于听众发现演讲要点。在设定演讲主体内容的结构时，如果能够有计划地将内容设定成递进式的，就可以让听众一步步地理解我们想要表达的内容，发现演讲中的要点。

结尾：余音绕梁，让听众无法忘记你的演讲

演讲过程犹如画龙，而收尾部分就是点睛之笔，能给人留下深刻的印象。卡耐基说过："最后，也是最重要的。"在这个部分，我们有更多的选择，能给听众留下更深的印象。

一个好结尾能起到余音绕梁的效果，不仅能让听众印象深刻，甚至还能在一段时间里成为听众的谈资。借着一个好结尾，使整个演讲主题鲜明、生动有趣，令听众意犹未尽。

演讲结尾，应注意以下几点：

1. 结尾不能太长

虽然长篇大论能突显主题，但如果结尾过长，就会喧宾夺主。演讲快结束时，听众是有感觉的，会意识到这场演讲就要结束了，于是逐渐放松。如果结尾说的太多，会使演讲无法起到应有

的效果。

2. 结尾要有意义

有意义的事具有思考价值，值得听众回味；没有意义的事和闲聊没什么区别，听众不会去思考，自然也不会对演讲产生深刻的印象。对于听众来说，自己想到的内容比演讲者直接告诉的内容更有价值。如果我们讲述的内容能够引发听众思考，并且让他们在思考中有所收获，就会给他们留下更深的印象。可能在相当长的时间里，听众会经常想："我明白这个道理，是因为某场演讲。"

3. 结尾要能触动听众的情感

人类有共情能力。当你被某件事触动的时候，这件事就会在你的心中占据一个位置，并且持续很长时间。我们在演讲结尾时，更需要触动听众的情感，或令听众开怀大笑，或令听众感动落泪，或令听众反思自己生活中的点点滴滴。

演讲结尾时，可以引用名人名言。

在 1993 年国际大专辩论会，即有名的"狮城舌战"上，复旦大学四辩蒋昌健在进行总结演讲时，就引用了顾城的名言，如同神来之笔，令无数听众拍案叫绝。他说："只有认识人性本恶，才能调动一切社会教化的手段来扬善避恶。光阴荏苒，逝者如斯，在物质和科学技术突飞猛进的同时，而人类的精神家园可谓是花果飘零。在这个时候，我们要警惕'人性本恶'这个基本的命题。可喜的是，在东方的大地上，我们说传统文化的发扬光大，已经从一阳来复开始走向了新的春天。我们也相信，通过传统文化的精华，必将使人类从无节制的欲望中合理地扼制并加以引导，从他律走向自律，从执法走向立法。人类才可能挽狂澜于既倒，扶大厦之将倾。黑夜给了我黑色的眼睛，而我注定要用它来寻找光明！"

结尾时，可以满怀激情，也可以通过优美的语言直抒胸臆。这就是抒情式结尾，感情丰富，意境深远，具有强烈的感染力。虽然这是一种常见的、效果较好的结尾方式，但也要注意多在内容上下功夫，避免套话。只有内容与形式统一，才能达到完美的境界。

下面这段演讲结尾，是抒情式结尾的典型案例。

在机遇与挑战并存的时代，中国农业需要科技进步，中国农村盼望科技人才，中国农民渴望科技知识。这一切都向我们明示：中国未来蓝图的画笔已经交到了我们手中。既然老师说我们是国家的希望，国家的栋梁，我想我们就应该，也一定要能撑起祖国的希望，使这希望闪闪发光！

有句话说得好：没有结束语的演讲苍白无力，但没完没了的演讲则令人害怕。因为它拖延时间，使听众遭罪。所以，演讲者还可以运用准确、概括而富有哲理的语言结束演讲。这样的演讲也比较有力。

第五章　借力

强化技能，为演讲锦上添花

- ☑ 故事怎么讲，才能吸引听众
- ☑ 好的比喻，瞬间把听众带进预设的情境
- ☑ 使用重复，强化你要传达的重点内容
- ☑ 包袱和悬念，一定要吊人胃口
- ☑ 时事与趣事，都是听众爱听的事
- ☑ 善用工具，快速吸引听众注意力

故事怎么讲，才能吸引听众

对于演讲来说，故事非常重要。好的故事用在开头，有助于吸引听众的注意力；用在主体部分，能够深化主题，让听众更容易理解我们要表达的内容；用在结尾，能够让听众印象深刻，引发听众思考，记忆深刻。

这也意味着我们在演讲时，要选择好的故事作为素材，而且要有技巧地讲出来，让听众接受我们表达的观点。

日常生活中，有的人喜欢把自己听来的笑话分享给身边的人，但他们往往还没讲到有趣的地方，自己就先笑了出来，并且在笑声中讲出笑话最有趣的部分。这时，听笑话的人往往满脸尴尬。用这种表达方式，即使笑话真的好笑，对方也很难笑出来。所以，我们有好的故事时，也要有好的讲法，才能吸引听众。

首先，声音要洪亮、条理清晰，让每位听众都能听清我们所说的话。只有听众听清楚，讲故事这个环节才是有意义的。

在保证让听众听清楚以后，就可以追求更多的技巧了。根据故事内容，对语调和语速都要进行适当调整。一个故事讲得好不好，气氛非常重要。不同的背景音乐可以对演讲气氛起到不同的烘托作用，但是效果最好的还是演讲者本人的语速和语调。如果是悲伤的故事，就用低沉缓慢的语调，让听众感受悲伤的气氛；如果是欢乐的故事，能够让人开心，那就加快语速，升高语调，营造欢快的气氛。

其次，演讲是用语言表达观点。用语言来展示自己想要表达的理念固然有其优点，比如给听众更多的想象空间；但也有限制，就是无法很好地向听众展示场景与画面。因此，我们讲故事时，描述得越好，越生动，就越有画面感，给听众的印象也会更深刻。

例如，当我们描述一个人时，就需要具体内容。故事发生在年轻人和老年人身上是不一样的，发生在男性和女性身上也是不一样的。我们想要让自己的故事更能说服听众、吸引听众，让他们沉浸其中，就需要让故事饱满。时代背景、发生地以及人物的性格等，对故事的走向都有非常大的影响。如果缺少这些内容，故事的真实性就会大打折扣，听众也难以厘清故事的逻辑性。

总之，我们讲故事不仅是为了吸引听众，更重要的是将自己想要表达的内容传递给听众，带领他们一起思考，总结故事所要表达的内涵。我们可以为故事设置悬念，但一定要在适当的时候给听众一个交代。如果听众的关注点集中在故事的谜底，而不是故事的内涵上，这个故事就起了相反的效果。

好的比喻，瞬间把听众带进预设的情境

比喻是一种常见的修辞手法，将一种事物比作另一种事物，用来描述我们不清楚的事物。一般来说，需要让听众认识的事物被称为"本体"，用来帮助听众认识的事物被称为"喻体"。演讲时多用比喻，既能让演讲变得更有吸引力，还能更好地传达演讲内容，让听众更快地理解。

那么，什么样的比喻算是好的比喻呢？什么样的比喻能够让我们的故事更有吸引力呢？

第一，比喻要恰当，否则听众就无法理解甚至错误地理解被比喻的事物究竟是什么。这会导致接下来基于这个事物的所有内容，听众的理解都是错误的。

例如，我们描述地球的时候，将地球比喻成乒乓球是不恰当的。地球是个近似圆形的球体，但并不是正圆的。地球的两极稍扁，赤道的位置则相对突出。用乒乓球来比喻地球，听众脑海中浮现的形象就是正圆的，如果你接下来要讲的内容和地球的形状有关，听众按照自己的联想再跟随你的思路，得到的答案可能就是错误的。恰当的比喻能够将听众带入我们预设的情境里，不恰当的比喻只能让听众进入错误的想象中。

第二，选择的喻体要有普遍性。比喻是借助一种事物让听众更形象地认识我们要介绍的内容，如果我们借用的事物听众根本就不认识，那就难以达到我们想要的效果。

拉尔夫·佩里特曾以"挫折大学"为主题做了一次演讲。这场演讲的听众来自社会各个阶层，有大学教授、学生，也有农民和工人。当时拉尔夫·佩里特还不太出名，为了让听众知道他的演讲值得一听，他使用了一段比喻：

"女士们、先生们，我今天坐在这里不是想要让你们看我的表演，而是希望你们能够倾听我讲的内容。我只是一辆送货的车子，装满了货物。当我来到你们家里的时候，你们不会对货车的外表感兴趣，只会在意货车里面到底带来了什么。你们是明白的，一辆外表破旧的车子，却经常会送来很好的货物。所以，在这场演讲中，各位不要给货车那破烂不堪的外表太多的关注，也不要在意它因为老旧而发出的奇怪声音，更不要在乎商品的外包装和绳索。请走进货车，看看货车里的商品。相信我，这些商品一定不会让你们失望的。"

拉尔夫·佩特里也许是其貌不扬的，声音也不见得充满磁性。为了让听众认真听自己的演讲，他做了一个非常巧妙的比喻，将自己比作一辆货车。尽管这辆货车的外表有些破旧，发出的声音也有些奇怪，但并不影响它给客户送来好的货物，人们关注的应该是货物，而不是货车。也就是说，眼前这个其貌不扬、声音也不算动听的男人可能是个有思想、有内涵的人，他的演讲或许值得一听。

他将自己作为本体，将货车作为喻体，使在场的听众都能明白他在说什么。因此，大家都对他报以热烈的掌声。

第三，比喻越贴近演讲对象，越能产生吸引力，让对方快速明白。我们在做演讲前，经常会根据听众的类型，有针对性地制订演讲计划，如果我们能够运用这种方法使比喻变得更加巧妙，就能取得更好的效果。

某大型公司的经理独自负责某个地区的事务。他的表现非常出色，将该地区的业务做得越来越好。他觉得在这个地区，公司的业绩还可以更上一层楼。他的老板和他的想法差不多，但做法却让他很不舒服。老板想要扩大该地区的业务，占有更多的市场份额，于是又派来一位管理人员，让他们协同作业。

新的管理人员来了以后，两个人因为工作范围的问题发生了争执，这让新市场的开拓工作变得很不顺利。于是，这位经理向老板做了一次高效演讲。他知道老板是个赛车迷，于是在演讲中将该地区的分公司比作一辆高速奔跑的赛车，将自己比作赛车手，老板新派来的管理人员就是另一个赛车手。两个赛车手在抢方向盘，怎么能够保证赛车朝着正确的方向前进呢？老板马上就听懂了他想要表达的内容，并将该地区的分公司恢复成他独自管理的状态。

综上所述，比喻之所以更为人们所接受，就在于运用两者相似的地方使演讲更加生动形象，更具有说服力。

使用重复，强化你要传达的重点内容

我们在日常说话时很少有重复的内容，除非对方明确表示这句话他没有听懂，我们才会重复刚才说过的话，但在演讲中就不同了。在演讲中，重复是一种常见的技巧，虽然使用频率不高，但如果运用得好，就会让演讲增色不少。

演讲者常使用的方式是句首重复。句首重复会加强演讲的感染力，大大提升演讲的影响力。

一个关于峰会组委会选择酒店的演讲，使用了句首重复的技巧，邀请大家对酒店的选择提供帮助。其中使用句首重复的部分内容如下：

我们希望参加峰会的客人在峰会三天里都有良好的睡眠。他们会说："酒店的枕头和床垫好舒服呀！房间也很安静，是我睡得最好的一次。"

　　我们希望参加峰会的客人享受到酒店贴心的服务。他们会说："酒店竟然提供了熨烫服务，这是我唯一一次不用担心衣服在行李箱里皱巴巴的。"

　　我们希望参加峰会的客人享受舒适的会议环境。他们会说："这是一次我不用因担心耳麦效果而紧张的峰会。这是一次让我连续静坐三个小时也没有腰酸背痛的峰会。"

　　我们希望参加峰会的客人们享受可口的饭菜。他们会说："这次峰会的饭菜真是太好吃了！"

　　我们希望参加峰会的客人走出酒店时，就可以感受到这座城市的独特魅力。他们会说："这是一次峰会之余，体验城市魅力最便捷的一次峰会。"

　　这就是演讲中典型的句首重复。如果我们朗读这几个段落，就会感受到句首重复的优点。我们的声音会逐渐澎湃，这种澎湃不是轻易就能表现出来的，而是一种层层递进的澎湃。

　　如果我们在演讲中也设计这样的段落，那么随着声音逐渐高亢，情绪逐渐激昂，听众也会感受到我们迸发的强大力量，心情也会跟着激昂起来。这种激昂不会轻易消失，而会伴随听众许久。那么，演讲中的这一段就会在听众内心留下深刻的印象。

　　句首重复还有一个优点，那就是让演讲稿变得更容易被记住。

在演讲台上忘词是一件很尴尬的事情，但是，谁能保证每次都将演讲稿一字不差地记住呢？当我们使用句首重复时，一条条内容就会变得更加容易记忆。对于演讲者而言，句首重复有助于记忆；对于听众来说，句首重复也有同样的效果，让他们对演讲内容的印象更加深刻。

值得注意的是，句首重复虽然澎湃有力，但并不是传达主题的最好的办法。这种重复方式更适合放在演讲结尾，唤起听众的共鸣，激起听众的情感，给听众留下深刻的印象。

当然，在主体部分，同样可以使用重复这个技巧。我们可以重复一个问题，或重复演讲主体中最需要传递给听众的一句话、一个观点。这样的重复能够使听众对演讲内容的印象更加深刻。

对主体部分进行重复时，还要注意音调变化。我们要保证重复时，音调是有起伏的，这样才能体现我们演讲的感情在升华，同时也能使听众沉浸其中。如果音调始终没有变化，重复就变成了毫无意义的喋喋不休。

既然要重复，第一句的音调就不能太高。因为随着不断地重复，我们的音调会有明显的提升。不少演讲者没有注意这一点，到了该重复的时候已经是激情澎湃，结果第一句的音调就在一个较高的水平，第二次重复的时候，音调已经到了个人能力的极限。那么，第三次重复呢？结果不难猜到，破音了。这会让本该严肃的场合一下子就被破坏了。在场的听众不仅没有落下眼泪，反而笑出声来，导致整个场面变得尴尬。这种情况一般会持续几分钟，演讲者才能将气氛拉回原点。

若能用好重复这个技巧，对演讲的作用是很大的。许多演讲的高潮部分离不开重复，它能让演讲者的情感爆发得更加激烈，使演讲气氛达到顶点，给听众留下更加深刻的印象。

包袱和悬念，一定要吊人胃口

演讲时，越容易给听众感官直接冲击的内容，越能受到听众的喜爱。那么，我们在演讲中设置什么内容能够带给听众感官刺激呢？演讲不是讲鬼故事，所以不要给听众带来令他们恐惧的内容，而要给他们带来欢笑和好奇，这就需要在演讲中设置一些包袱和悬念。

包袱的设置有好有坏，也会起到不同的效果。有些包袱非常合适，不仅能吸引听众，让听众会心一笑，更能让听众在笑过以后认同演讲者的观点。其中，反转式包袱是人们比较喜欢的。这种包袱先将人们的情绪引入一个方向，或许是悲伤，或许是感动，又或许是其他情绪，然后给出一个与原方向截然不同的回答，直接将人们的情绪从一端调整到另一端。这种180度的大反转能给听众带来巨大的感官冲击，效果非常不错。

当然，如果我们想不到漂亮的包袱，也想不出什么巧妙的反转，那么不妨用一些细碎的包袱来填充故事的每一个段落。人的情绪是会叠加的，感官上的刺激也会叠加。当一个个包袱叠加起来，一样能取得很好的效果。

某大学讲师张博士在留学期间，在竞选学生会主席的一篇演讲中，将众多的包袱叠加在一起，产生了惊人的效果。

演讲开始的时候，张博士在大屏幕上放出一张他系着围裙炒菜的照片。这张照片引起哄堂大笑。他听见台下不少人窃窃私语："一个厨师居然来竞选学生会主席。"

张博士要的就是这个效果。他马上就抖出第一个包袱："我不知道为什么一个厨师不能做学生会主席，因为他们做的事情都是一样的。"

这个观点让台下不少听众笑得停不下来，但有一些听众已经察觉到张博士想要做什么了。他在这里设置了一个悬念：为什么厨师和学生会主席做的事情是一样的？就在听众的胃口都被吊起来以后，他继续说："第一个理由，学生会主席和厨师都需要团队合作。如果我们要吃饭，我会告诉小王，去超市给我买两斤猪肉。再对小李说，你能不能帮我切肉。"

这不仅体现了厨师和学生会主席都要擅长团队合作，还提到了两位竞争对手——小王和小李。这让听众的情绪更加高涨。

"第二个理由，厨师和学生会主席都在后台工作。厨师不会跑到你的面前，告诉你他做的饭菜是多么可口。基于同样的原因，想必你们也不会知道昨晚的聚会是谁安排的。"

台下的听众面面相觑，只有少数听众喊出昨晚组织聚会的两位竞选者的名字。

张博士接着问那两位竞选者："你们昨天晚上喝了多少啤酒？"他们分别回答："根本没有时间喝。""一点儿都没喝。"这里的包袱让作为竞选者之一的张博士获得了同学们的好感，并且向听众表明一个重点，那就是学生会主席和厨师一样，要有先人后己的服务精神。

"第三条理由，我相信你们都知道，今晚要选的是学生会主席，而不是那个最聪明的人。谁更愿意为公众服务，谁才更适合当选学生会主席。"在这里，张博士又设置了一个包袱，他要如何证明厨师是更愿意为公众服务的人呢？他将这次演讲推到了高潮。

"如果一个男人很喜欢烹饪，他一定深爱自己的家庭。所以女士们，当你们找到意中人要结婚的时候，先问问他是否会烹饪。一个人只有先爱他的家庭，才能忠诚地为公众服务。而厨师一定爱着他的家庭，所以他一定是一个好的学生会主席。"

这个包袱抖得非常响亮。很多听众都对这段话抱有强烈的共鸣，于是为张博士送上热烈的掌声。随后，张博士又抖出最后一个包袱，他将自己做的菜的照片找了出来，说："有多少人愿意相信，我是个好厨师呢？"最开始的那张照片，最开始埋下的悬念，在演讲结尾时被全部揭开。

包袱与悬念是演讲中不可缺少的内容，巧妙地利用包袱与悬念能够让演讲变得更有趣味性，更有吸引力，更加生动。

时事与趣事，都是听众爱听的事

为演讲稿选择好故事，其实是一件很难的事。有人会觉得世界上每天都有那么多有趣的事情发生，怎么就不能用在演讲中呢？但演讲可不能那么随便。事实上，不管是演讲主题还是演讲方法，都在不断进步。一个主题，在几年之前可能是合理的、正常的，但现在可能就不合时宜，得不到听众的认可。这就决定了我们选择的故事必须与时俱进，不能总是用过去的。

在选材部分，我们提过蹭热度是选材的方法之一。因为热度体现了当前讨论度较高的事情，也就是大多数人关心、听过的事情。我们选择故事的时候，时事就是比较好的选择之一。

当然，蹭热度也要讲究技巧。蹭得好，自然能够得到大多数听众的肯定，让他们觉得你本来就应该讨论这件事，你对这件事有独到的见解；蹭不好，就会让听众觉得你讲不出什么，只能靠热点来引人注意。那么，蹭热度除了要注意时效性外，还有哪些问题需要注意呢？

首先，要注意这个热点话题是否与演讲有关系。演讲要蹭热度，自然要选择与演讲主题契合的内容。如果为了蹭热度，强行插入一段与演讲主题无关的内容，即便有独到的见解，即便做到言之有物，也难以和演讲内容衔接到一起。

其次，要注意什么热度该蹭，什么热度不该蹭。很多时候，想要完全站在第三方的角度并不容易，一不小心就会让人觉得你是在站队，有自己的倾向。当然，有自己的倾向也正常，特别是在大是大非面前，就应该坚定地站在道德、道义的一方。但有些时候，如果站错队，虽然蹭到了热点，效果却是相反的。

除了热点时事，人们还喜欢听趣事。趣事和时事有不同的要求，时事要有一定的关注度和讨论价值，趣事则不需要。演讲者选择趣事的标准应该与时事相反，不要有太多的讨论度，也不要有太多人知道。这就和讲笑话一样，如果别人已经听过了，有趣的程度就只剩下一点点。所以，我们选择趣事时，重要的是这件事的有趣程度和新鲜度。越少人知道的趣事，效果越好。

同时，讲趣事时也不能想说什么就说什么。在曲艺界，有句话叫"理不歪，笑不来"。确实，很多包袱、笑料都需要对事实和人们的认知进行一些扭曲，才能做到引人发笑。有些相声、小品都离不开歪理，各种题材都能用来做调侃的对象。但在演讲时，如果不留意趣事的内容，就很容易冒犯他人。

　　某人在做有关行车安全的演讲时，说了一个女司机的笑话。当他讲完这个笑话，台下虽然有不少人捧场，但也有不少人脸色阴沉。

　　一位女士站起来大声地问："请问，您在讲这件事情时为什么要强调是女司机？难道男司机就不会出现这种错误吗？我觉得您是在性别歧视。"演讲者当场就愣在那里，场面变得非常尴尬。

　　选择的趣事难免会涉及不同群体，这是不少喜剧表演也会遇到的事。如果我们既想要讲趣事，又想要避免争端，那么可以在故事中带入一个具体的人。

　　有一位演讲者，演讲时总是将故事加诸自己身上，如自己的事情、妻子的事情、孩子的事情及朋友的事情等。其实，一个家庭怎么会有那么多好笑的事情，无非是为了避免争端，将自己想到的笑料与听来的故事改编成发生在自己身上的事。

作为演讲者，时事和趣事都是演讲中不可或缺的内容，但一定要考虑周全，谨慎运用，避免出现不必要的麻烦。

善用工具，快速吸引听众注意力

随着时代的发展和进步，越来越多的演讲并不局限于原本的演讲方式了。在演讲过程中，我们有越来越多的方法可以将想要表达的内容更加直观地传达给听众，还有些工具能够让我们的演讲变得丰富多彩，更加生动，不仅可以迅速吸引听众的注意力，还可以减轻演讲者的负担。

演讲中能够使用的工具很多，有增强听众视觉感受的，有让听众直观地了解演讲主题的，还有一些工具能让听众觉得我们的演讲妙趣横生。

辩论高手黄先生曾做过一次名为"像辩手一样生活"的演讲。在这次演讲中，他使用一个矿泉水瓶作为道具来表达自己的观点。绘画时，如果老师让大家画一个矿泉水瓶，绝大多数人会画出矿泉水瓶正面的样子。他将矿泉水瓶倒了过来，问在场的听众："难道这就不是一个矿泉水瓶吗？"他将矿泉水瓶放倒，用瓶底对着听众，问："这难道就不是矿泉水瓶了吗？"他又将矿泉水瓶捏瘪，再次问："这难道不是矿泉水瓶吗？"

黄先生很好地利用了矿泉水瓶这个道具来告诉听众，即便变换角度去看这个矿泉水瓶，矿泉水瓶本身也没有任何变化。它是什么，换个角度仍然是什么。但是，不同的视角能让你获得不一样的感觉。如果你能使用多个视角去看其他事物，用多个视角来生活，就会有不一样的收获。

这就是黄先生演讲的主要观点。他借助小小的矿泉水瓶，让听众跟上他的思路，明白他的意思。

陶行知在武汉大学针对教育方式做过一次令人印象深刻的演讲。演讲开始后，他走上讲坛，从箱子里拿出一只公鸡，尽管他还没有开口说一句话，但听众的目光都已经聚焦在他的身上。随后，他拿出一把米放在桌子上，摁住公鸡的头，强迫公鸡吃米。公鸡不肯吃，他又掰开公鸡的嘴，把米放进公鸡嘴里。公鸡拼命挣扎，还是不肯吃米。陶行知把公鸡放下，自己后退几步，公鸡就不紧不慢地自己吃了起来。

这场演讲的主要内容是不能强迫学生学习，越是强迫，学生的抵触情绪就越严重。如果给学生自由，让学生发挥主观能动性，反而会有更好的效果。在场的听众听完演讲，联想到公鸡在讲台上的表现，都认可了陶行知的观点。

活用工具，既能突显演讲主题，还能使演讲内容更有吸引力，但这还不是工具的所有用途。我们在演讲时，若能够妥善使用道具，还能更好地控制演讲气氛，使演讲变得更加生动。

演讲时，我们经常要讲一些故事，有些故事是为了吸引听众，有些故事是为了强化主题，还有些故事是为了调动听众的情感，让他们与我们产生共鸣。但是，除非有相似的经历，否则人与人之间要达成共鸣并不是件容易的事。这个时候，故事的作用开始显现，可以短时间内让听众被我们的故事所感染并引起共鸣，而在讲故事时使用道具是非常好的办法。

卡耐基给他的学生举办了一次"生命如何度过"的演讲。演讲的时候，他一直摩挲着一件被蒙在毛巾里的东西，脸上不时露出悲伤的神情。

演讲即将结束时，他讲述了这样一个故事："有一个战士名叫莱特，他不过是数百万军队中的一名普通士兵。他作战勇敢，每次冲锋都跑在最前面。他的勇敢受到无数次的嘉奖。在刚刚接受一枚英雄勋章后，莱特却遇到了不幸。在一次遭遇战中，他倒下了。临死之际，他手握着那枚英雄勋章说：
"把它送给我的母亲。"人们按照他的话去做的时候，发现
他是母亲唯一的亲人。他的母亲同样是伟大的，宁愿自己忍
受孤苦寂寞的晚年生活，也要送儿子上前线……如今，这位
伟大的母亲和她的儿子都已经死了，但这枚勋章却留了下来，
它永远鼓励我们努力奋斗。看，它就在这儿！"

说完，卡耐基揭开毛巾，露出一直被毛巾盖着的盒子，
打开盒子，里面是一枚勋章。这枚勋章使会场的气氛瞬间达
到顶点。

如果说在卡耐基讲故事的时候还有听众在想这个故事是不是
真的，那么当卡耐基拿出那枚勋章时，已经没有人考虑这些了，
人们的注意力都被它吸引了。

从这个案例可以看出，演讲时使用道具能够更好地引导听众，
让听众跟着演讲者的思路，更快地理解演讲者想要表达的思想。

第六章　气势

你的肢体语言，决定了演讲的气场

☑　准确的肢体语言让情感表达更强烈

☑　服装与仪容，决定演讲的风度

☑　举手投足都要散发气场

☑　表情丰富，才能吸引、感染听众

☑　征服听众，有效的武器是眼神

☑　调整语调，用感情俘获人心

☑　微笑是无价宝，具有极强的感染力

准确的肢体语言让情感表达更强烈

演讲者想要说服听众，可以使用多种方法，或是从语言上，或是从道理上，让听众信服。但是，比较直接且有效的方法是让听众从情感上心服口服。演讲者如果能够在情感上得到听众的认同，让他们信服就变得简单多了。这也是很多出色的演讲者都重视内心情感的表达，时常用情感策略增强演讲感染力的原因。他们知道，强烈的情感爆发可以唤起听众的情感，点燃听众的热情。即便是无趣的内容，即便是固执的听众，只要演讲者情感爆发，演讲也可以取得很好的效果。

那么问题来了，如何更好地表达情感，让听众信服呢？

德国表演大师吉布·佩森说："我就靠我的动作、姿态向人们昭示我的内心世界，昭示我的所思所想，昭示我的喜怒哀乐。"没错，肢体语言就是我们的思想、情感、情绪的体现，也是意愿的表达。

在演讲中，演讲者的肢体语言就是其思想、情感和情绪的表达，是与听众的直接交流。通过肢体语言，听众可以感受演讲者的情绪波动，体会演讲者情感的强弱变化。

换句话说，虽然语言的力量是强大的，但是想让语言发挥更强大的影响力，演讲者就要学会用准确的肢体语言让情感表现得更加强烈。

2000 多年前，马其顿帝国国王亚历山大大帝为了扩张领域，称霸欧洲，带领自己的军队来到欧洲内陆。由于多日长途跋涉，战士们十分饥饿，疲惫不堪，加上无法适应恶劣的气候，士气颓废。

亚历山大认为，如果此时不能鼓舞士气，不仅无法征服欧洲大陆，恐怕连走出荒地的机会都没有。于是，他昂首挺胸地坐在高高的马背上，目视远方，情绪激昂地说："勇敢的将士们，你们是所向披靡的勇者！虽然我们陷入困境，但只要我们继续前进，就一定能够找到水源！"

说完，他高高地举起右手，迅速有力地挥下，高喊道："勇士们，勇敢前进吧！"这锐不可当的气势给全军将士注入激情和信心，将士们顿时变得情绪激昂。在亚历山大的带领下，士兵们一鼓作气，不仅走出泥潭，更赢得了一次又一次胜利。

可以说，鼓舞和影响士气的不仅仅是亚历山大的语言，更重要的是他通过肢体动作表现出来的气势、气场。这激昂的语言和有力的动作，展现了他的信心、勇气和激情，进而让士兵们热血沸腾，情绪激昂。

很久以前，人们得出这样的结论：在人们交流的过程中，55%的信息是通过视觉传达的，如身体动作、面部表情等。由此可知，肢体语言在演讲中是非常重要的。演讲者如果能在适当的时候运用肢体语言，就能更好地表达情感，使整场演讲更加成功。

说到底，演讲需要调动听众的情绪。如果我们不能充分地表达情感，听众又怎么会被我们影响？在演讲过程中，我们要懂得调动身体的各个部分，随着演讲内容和现场气氛的变化让语言更加精彩，把自己的情感充分地表现出来。

贝狄威尔是一位演讲高手，非常善于在演讲中运用肢体语言，尤其是手势。在演讲时，为了更好地表达情感，他或是握紧拳头，仿佛在敲门；或是捏紧手指，似乎要将文字凝固在空中；或是把手放在胸口，让听众感受他的真诚……

他的身体时常探向前方，头部微微上扬，双眼望着远方，然后右手手掌坚定有力地向前挥。这种身体动作加上慷慨激昂的语言，营造出一种强大的气势，充分表达了他内心的信念和勇往直前的决心。

这些肢体语言在演讲中起到至关重要的作用，不仅使他的演讲更容易被理解，还能恰当地表达出他的情绪和情感。听众通过他的肢体语言感受到他的兴奋、友好、痛苦与真诚。

当然，运用肢体语言来表达情感应该是自然流露的，不能生搬硬套。我们可以运用肢体语言但不要故作姿态，可以设计手势但不能勉强去凑手势，否则不仅不能很好地表达自己的真情实感，反而会让听众感到做作。

结合演讲内容，自然而然地利用肢体语言表达我们的观点和情感，以此深深地打动听众，让他们跟着我们或哭，或笑，或激情澎湃，或义愤填膺……

服装与仪容，决定演讲的风度

正所谓人靠衣装，演讲者能否给听众留下好印象，能否彰显自己强大的气场，在一定程度上取决于其服装与仪容。演讲者的服装与仪容不同，在听众眼中的形象也大不相同，演讲效果自然也不同。

心理学家指出："不管是出席会议，还是参加普通交际活动、酒会、商务会谈，都要把自己精心地收拾一番，换一身合适的衣服，以贴切的形象出场，这是我们都必须做的功课。"

所以，不管是谁，不管做什么演讲，如果想要在开口前给听众留下好印象，就要注重自己的服装与仪容，把自己的气场调节到最佳状态。

很久之前，心理学家雪莱做过这样一个实验：他在一所大学挑选了 68 名志愿者，这些志愿者在外貌、口才及对事物的判断与理解方面非常出色，可以说是学生中的佼佼者。之后，雪莱让志愿者分别向 4 位路过者演讲，劝说他们给自己投票，结果却出现两极分化的现象：一些志愿者轻松地拉到选票，得到路人的支持；另一些志愿者却失败了，几乎没有得到一票。

为什么会这样？因为两者的服装与仪容大不相同。前者大多着装整洁、风度翩翩，后者大多不修边幅、邋里邋遢。

对演讲者来说，服装与仪容已经成为展现自身魅力的重要方式。更重要的是，这还体现了一个人的涵养和品位，彰显了一个人的气度和气场。

试想，你花费很多精力和时间，准备了一篇出色的演讲稿，然后信心满满地走上讲台，可台下听众看到的却是一个衣冠不整的演讲者——西装纽扣没有扣好，衬衣下摆有很多褶皱，鞋子和裤子不配套，或是头发乱糟糟的、眼镜用胶布粘着……他们会怎么想？他们肯定会产生怀疑：演讲者为什么这么邋遢、不修边幅？他认真对待这次演讲了吗？这样的演讲者能说出什么理论？他说出的话值得相信吗？

也许你还没有张嘴，听众在心里就已经否定你了。之后，即便你能口吐莲花，恐怕听众也听不进去，这场演讲也就失败了。

事实上，很多卓越的演讲者都非常重视自己的服装与仪容，每次演讲前都会好好地打扮自己，还会在登台前再整理、检查一下。

一位女性企业家每次出席公开演讲场合时，妆容清新典雅，服装端庄得体，很少选择有花纹设计的单品，而是以简约纯色风格为主，完美地向外界展现一名优秀女性企业家该有的气场。有时她会佩戴胸针，给简洁的服装增添一抹亮色。在发型上，有时她会使用低盘发造型，将头发的一部分盘在脑后，看起来更有精神，更能体现女性端庄的气质。

服装也是气场的体现。这不局限于服装整洁得体，想要演讲更有力度、更深入人心，还需要注意服装与场合的关系。也就是说，演讲者在什么场合就应该穿什么服装，让自己的服装与演讲主题和谐统一。

比如，在重要的会议、隆重的宴会或开幕式等场合，演讲者需要衣冠整洁、精致典雅。如果演讲者穿着便装、运动装登台，会显得格格不入，甚至让听众感觉自己没有受到尊重。如果演讲者到工地、田间演讲时穿着西服、打着领带，那也很难打动听众。

卡耐基讲过这样一个故事：

有一次，卡耐基和夫人参加一个高级宴会，到会者都穿着精致的礼服，扎着领结，打扮得非常隆重。可一位演讲者却穿着一件棒球衫，好像刚做完运动一般。当他站在台上时，场面变得非常尴尬，台下听众议论纷纷，而他也因为听众的反应而感到羞愧、别扭。

好在这位演讲者经验丰富，巧妙地化解了尴尬。他说："在来的路上，我的车子抛锚了，不得不停下来进行修理，结果弄脏了礼服。所以，我就取出后备箱中的这件棒球衫……"

尴尬虽然化解了，但他的演讲却没有成功。

演讲者的服装与仪容会直接影响演讲效果，甚至决定演讲成败。因为这些是被听众直接感受到的，是留在听众脑海中的第一印象。听众往往会将演讲者的服装与仪容与演讲主题、场合进行比较，然后直接打分，并且很难做出改变。

那么，演讲者应该如何穿着打扮才能给听众留下良好的第一印象呢？其实也很简单，只需注意以下几点。

第一，衣着整洁、简单、大方，选择与自己体态相协调的服装。不要过分装扮，如佩戴花里胡哨的佩饰。

第二，衣着要与演讲主题相协调。主题深沉、庄重时，应选择蓝色、黑色等深色系；主题较为活跃时，应选择浅颜色或者色彩鲜艳的服装。同时，服装的颜色既不能太单调，也不能杂乱无章，最好选择一个主色系、一两个次色系进行搭配。

第三，服装要与场合相协调。根据场合选择合适的服装，既可以表达自己的立场、态度，还可以彰显自己的身份。

总之，服装与仪容不只是我们的外在装饰，也是个人礼仪、风度和内涵的体现。为了让演讲取得良好的效果，我们更要认识到着装的重要性，并且知道如何做到衣着得体。

举手投足都要散发气场

演讲是一门语言艺术。成功的演讲，不仅要靠出色的口才，更要靠演讲者身上散发的气场。气场足够强大的演讲者更具感染力和说服力，更能激发听众的激情，以实现演讲的目的。

营造强大的气场，语言只占一部分，演讲者的举止则占了另一部分。当演讲者走向演讲台时，自信、铿锵有力的步伐彰显强大的气场，这种气场可以击中听众的内心；当演讲者发出高昂的呐喊，激动地挥舞手臂，气势和渴望随之迸发，瞬间就能点燃听众的激情，让人热血沸腾……

所以，对于一个演讲者或是想成为演讲者的人来说，在提升自己口才的同时，要学会用肢体语言表达自己的情感，使自己铿锵有力的语言更具表现力、感染力。

某公司首席运营官在演讲时，喜欢使用手掌打开的手势，非常有亲和力，也表达了愿意倾听的态度。这是一个表达自信、愿意合作的手势，相当于说：我愿意来到这里和你们互动、谈话。

在一场演讲中，演讲者提到自己曾经的经历时，说："我意识到除了成为我自己，就不知道如何成为其他人了。"她在讲到"我自己"的时候，手是放在胸口上的。这个手势，让听众觉得她很真诚，传递出一种信息："这些是我内心深处想说的话。"之后，演讲者在说到"请各位友善待人"的时候，仍然把手放在胸口上，希望把自己的善意传达出去。

肢体语言尤其是手势和动作，不仅是演讲的工具，更是演讲者传递情感的武器。演讲者恰当地运用肢体语言，可以大大提升听众对演讲的感知度、认同度。一位语言学家曾说："手势可以缩短你和听众之间的距离，让你的重要观点更突出，并且让听众的情绪受到影响。"

那么，如何才能提升自己的气场和号召力呢？

第一，步伐坚定自信。当演讲者步伐坚定、稳重地走到众人面前时，听众自然就能感受到其果敢、沉稳、自信的气场。如果演讲者走路虚浮无力，听众会想：这个人一点儿自信都没有，不会是骗子吧？

第二，昂首挺胸地站立。即便有演讲台挡住下半身，演讲者也必须保持身姿挺拔，不能松松垮垮地站立。演讲者应将自身的重量均匀地分布在两只脚上，然后身体微微前倾，头适度抬高。这样的站姿会显得人挺拔，气场全开。

有一位身材矮小的演讲者，当他开始演讲时，人们心里总觉得他的话没有公信力，可他并不感到紧张、惧怕。他自信地站在演讲台上，环顾听众席。当听众与他的目光相遇时，他目光如炬，坚定地盯着听众，然后继续环视，浑身散发强大的气场。

从他的肢体语言，听众感受到他的自信、勇气与力量，不自觉地被他吸引。一分钟后，这位演讲者开始演讲，他的声音响亮而清晰。他用气场征服了听众，赢得了热烈的掌声。

所以，千万不要忽视肢体语言。用活了肢体语言，我们的话语就会更具冲击力和感染力，举手投足间都散发强大的气场，演讲自然也能够取得更好的效果。

表情丰富，才能吸引、感染听众

除了仪表和肢体语言，面部表情同样是演讲者表达情感、传递情绪的一种重要方式。

古希腊演讲家德摩斯蒂尼认为，表情是演讲者最重要的才能。有人请教他："对于一个演讲家来说，最重要的才能是什么？"他回答说："表情。"对方又问："其次呢？"他的回答是："表情。"对方又问："然后呢？"他依旧回答："表情。"

法国作家罗曼·罗兰曾说："面部表情是多少世纪培养成功的语言，是比嘴里讲的更复杂千百倍的语言。"面部表情更具感染力，更能吸引听众。

比如，演讲主题是欢快的，那么演讲者在表达内心情感的时候，面部就会出现欢快的表情——眉飞色舞、神采飞扬，甚至还会发出爽朗的笑声。这些表情表达出来的情绪会直接被听众感知。进一步说，当演讲者的情绪和情感被听众所接受，演讲话题就更容易让听众产生共鸣。

然而，有些人在演讲时不善于利用自己的面部表情，不管是慷慨激昂，还是严肃认真，始终都是一种表情，仿佛是一个没有感情的机器人。听众从他的脸上看不到任何表情变化，也就无法感受到他内心的情感变化。在这种情况下，即便他的演讲稿可歌可泣，他的声音动听，恐怕也会让听众有一种呆滞、麻木的感觉，无法接受。

那些成功的演讲者，不论在生活中是多么的喜怒不形于色，但在演讲台上，他们的表情一定是丰富，甚至是夸张的。因为他们知道，充分利用面部表情更能表达自己内心的情感，从而吸引、感染听众。

有一位著名的演讲家，在演讲时很注重面部表情。有时，他几乎没有说出什么内容，但是在短时间内，他的脸上会出现诧异、好奇、吃惊、焦虑或同情等神情，配合演讲内容。在演讲中，他从来不看稿子，而是一直看着观众。在问答环节，他始终看着对方，表情生动、热情、亲切。

演讲家尼克·胡哲在演讲时总是带着亲切的微笑，整场演讲下来，人们常常可以看到他那发自内心的喜悦。而他也常常用这样的笑容感染现场的听众，让听众产生共鸣。

在如今的社交活动中，面部表情是重要的沟通手段，是让听众产生共鸣的关键。不管是高兴、悲哀、喜悦、畏惧，还是坦然、疑惑、不满，只要你能恰当地表现出来，听众就可以感受到。

这就需要我们在演讲过程中让面部表情丰富起来。当然，我们不需刻意练习微笑、愤怒、悲伤，只需遵从自己的内心，把内心的情感通过恰当的表情展现给听众，便成功了。

面部表情不仅是演讲者传递情感、情绪的工具，还是演讲内容的补充。因为很多情绪和情感是无法用语言来描述的，有了面部表情的辅助和补充，情绪和情感的表达才能淋漓尽致。

比如，单纯从语言的角度，我们无法得知演讲者的话语是真诚、善意的还是虚假、恶意的，是真心的劝告还是刻意的嘲讽。但通过仔细观察演讲者的表情，我们便可轻松得知其想法和用意，肢体语言展露出来的心理状态很少有欺骗性。由此，在演讲的时候，我们就可以用表情来填充语言的空白，表达自己的情感和态度。

再如，我们公布一个坏消息，用一副忧心忡忡、皱眉蹙额的表情取代原本快乐的表情，远比一句"我们刚刚得知一个坏消息"

更能让听众感到事情的严重性，也能更好地转换现场气氛。

　　总而言之，一场好的演讲单单有语言是绝对不够的，面部表情就是情感的"晴雨表"。演讲者在上台前"唤醒"自己的脸，展现丰富的表情，会使演讲更生动、更有活力。

征服听众，有效的武器是眼神

眼睛是重要的沟通工具。人的感觉非常奇妙，有时即便你的脸上带着微笑，如果眼神里没有笑意，其他人便无法感觉到你是否喜悦；或者你的表情很丰富，可眼神却毫无情感，其他人便无法体会你的真情实感。

比如，我们常说"皮笑肉不笑"和"眉眼含笑"。前者极力想要挤出一张笑脸，却让人感受不到开心、愉快和真诚；后者即便表情不太明显，只是嘴角轻轻上扬，却能把内心的愉悦传递给他人。

演讲也是如此。当我们讲话时，要跟听众进行眼神交流，并且用眼神表达自己真实的情绪和情感。当我们用凌厉、温柔、困惑、坚定等眼神表达怒、喜、迷茫或无畏时，听众也会感受到我们的情绪。

1786 年，华盛顿面临巨大的危机，他手下的将领们会聚一堂，情绪激动，声称若是不能支付欠发的酬劳就会发动政变，与费城政府对抗。华盛顿立即从芒特弗农赶来安抚这些将领。他坦然地站在众将领面前，从口袋里拿出一份事先准备好的声明，然后戴上眼镜。他眼神坚定，但带有善意、疲惫和愧疚。他对将领们说："先生们，我感到非常抱歉。我的眼睛已经操劳太久，现在已经老眼昏花了。"

看着华盛顿的眼神，将领们为之动容，回想起他为国家操劳以及带领士兵奋战的情形，很快便被说服，放弃了反叛的想法。

很多出色的演讲家都表示，想要征服听众，眼神是控制场面的有效武器。善于利用眼神的演讲者可以轻松地传递自己的情感，展现自己的风采，还可以让自己的面部表情生动活泼，吸引听众。就连诗人泰戈尔都说，一旦学会眼睛的语言，表情的变换将是无穷无尽的。

换句话说，人与人之间的交流绝大部分是在眼神接触中建立起来的。当语言和表情不足以表达我们的情感时，眼神就可以帮助我们说服听众。重要的是，眼神的交流往往比语言本身更有效果。

有一位演讲者就曾用眼神说服听众，他就是毛里斯·高柏莱。他想要建立高柏莱基金会，用于癌症的专项研究，可是要说服人们捐款并不容易。

当时，高柏莱面对很多有身份、有地位的富人，态度平和谦恭。他说："我现在想谈论一件严肃的事，如果打扰到大家，我感到万分抱歉。"说完，他身体前倾，眼神坚定，自信地盯着在座的每一个人。

他继续说："大家看看外面，看看我们身边，你们可知道在座的人，将来会有多少人死于癌症？据可靠数据调查，55 岁以上的人群中，每 4 个人就有一个人死于癌症。"

说这些话时，高柏莱的语气没有变化，语调也没有提高，但双眼却坚定地盯着所有人。他继续演讲："我们正在积极寻求治疗癌症的方法，希望能让这可怕的事情不再发生。你们愿意支持我们的努力吗？"

最后，他的眼神里充满了真诚和期待，就像一记重锤直击人们的心灵。这次演讲成功地感动了听众，使他们积极加入基金会。

演讲的时候，我们不仅要巧妙地运用表情，更要注意眼神的变化。当然，演讲通常是在公共场合进行，演讲者面对的不是一两个人，而是几十人、上百人甚至更多的人。这就需要我们注意

一点，进行眼神交流时，不能只看某几个听众，而应该掌握眼神
交流的技巧，让所有听众都看到我们坚定、诚恳的眼神。

　　要做到这一点也不难，只要把眼神固定在某几个区域，或是
沿着听众席的中心线，从第一排扫视到最后一排，或是有节奏地
环视，就可以用眼神控制全场，吸引在场的听众。

调整语调，用感情俘获人心

在表达情感方面，语调具有表现力和感染力，同一句话用不同的语调表达，语意就会千差万别，情感也截然不同。语调能够淋漓尽致地表达演讲者的情绪，有效地渲染气氛，从而扣动听众的心弦。

比如，深沉的语调往往表达愤怒、悲壮、果敢、坚毅等情感；舒缓而轻柔的语调，表达温和、柔软、幸福等情感；轻快而高昂的语调，表达兴奋、高兴、愉悦等情感。当我们听演讲的时候，有时甚至不必睁开眼睛，不必关注演讲者，只需静静倾听，便可从演讲者的语调变化中感知其情绪变化和情感波动。

高超的演讲者有一个共同点——善于根据演讲主题、内容来调整说话语调，或高昂，或低沉，或轻快，或沉重，或洪亮，或沙哑……他们总是能更好地表达自己的情感，并且把听众引入自己的演讲世界。

一位演讲家的精彩演讲赢得了阵阵掌声。等到提问环节，一位观众提出很多人都想知道的几个问题："您是如何让自己的演讲具有感染力？如何让听众的情绪随着您的声音而起伏？"

演讲家微笑着说："这并没有什么诀窍。只要你善于利用自己的声音，在恰当的时候调整语调，听众的情绪自然随着你的情绪而起伏。"

演讲家又说："我可以现场朗诵一首诗歌，让大家感受语调变化的感染力。"

演讲家朗诵的是一首凄美的爱情诗。开始时，他用轻柔的声音讲述两个年轻人的邂逅、相恋，用高昂的声音表达他们热烈的爱情。突然，演讲家用低沉、沙哑的语调讲述两个年轻人因家庭反对而不得不分开，他们依依不舍、两地相思。多年后，他们再次相遇，虽然他们的爱没有变，却早已物是人非。此时，演讲家的声音极低、极轻，轻得好像听不见一般。

听着演讲家的朗诵，现场听众也被他们的遭遇和情感所感动，为之欢喜、悲伤，潸然泪下。当演讲家朗诵完最后一个字，剧场内异常寂静，只听见一些细微的抽泣声，所有人都沉浸在那凄美的爱情故事中。

这就是语调的魅力和影响力。语调是声音的载体，更是情感的载体，它的高低不仅表现了声音的大小，更传递了人的情绪和情感。

千万不要小看语调的变化。如果我们在演讲中语调平淡，没有任何变化，那么一句激情四射、气势恢宏的话语恐怕也会像背课文一般毫无感情，让听众索然无味。相反，如果我们演讲时的语调富有生气，随着情绪的变化时而高亢洪亮，时而低沉沙哑，听众也会为之牵动，甚至进入浑然忘我的状态。

所以，要想更好地表达情感，俘获听众的心，就要学会使用语调这一工具，把握好语调的用法，用最具感染力的声音扣动听众的心弦。

比如，我们在强调某件事情时会提高语调，以便吸引别人注意。可有些演讲者在讲到重点内容或是强调某一观点时，依旧语调平平，和之前没有任何区别，导致听众忽略了重点内容。要知道，演讲通常需要半个小时、1个小时甚至更长时间，演讲者说的内容很多，听众很难记住。如果不能利用语调或是其他方式来强调重点，演讲效果将大打折扣。

又如，我们鼓舞士气、进行动员或表达不满时，会用高昂的语调来引起听众的注意，激发听众的激情——或慷慨激昂，或义愤填膺。有些演讲者的语调死气沉沉，有气无力，如此一来，如何做到让自己的话语有力度、有气势？如何让听众产生情感共鸣？

　　很多演讲者虽然也注意语调变化，但错误地运用了它，不是过于低沉，就是过于高昂。这两种情况都非常糟糕，语调过于低沉，会给人一种照本宣科的感觉，就像机器人一般没有任何感情；语调过于高昂则会显得过犹不及，让人感到厌烦。

　　正如卡耐基所说："我们所说的每一个句子不可能都只是用平平的语调，没有任何起伏，而是应该有重点和非重点之分。"没有语调的变化，我们的语言将缺少很多魅力和吸引力。

　　与此同时，语速与语调密不可分，对于准确表达我们的情感具有非常重要的作用。我们需要利用合适的语速来增强声音的魅力和情绪的感染力。一般来说，演讲时的语速应该是每分钟250～280字，就像新闻联播的播音员一样。

　　如果情绪激动，比如兴奋、悲愤或抒发胸怀时，语速应该加快，保持在每分钟300～350字；如果进行细节描述，尤其是表达悲伤、痛苦等情绪时，语速应该减慢，保持在每分钟150字左右。

　　总之，演讲是一门语言艺术，修炼你的声音魅力，有助于成就独一无二的演讲。

微笑是无价宝，具有极强的感染力

美国哈佛大学叶洛特博士说，微笑是人际交往成功的催化剂。法国作家诺阿诺·葛拉索也说，笑是没有副作用的镇静剂。我们知道，演讲者通常是站在高高的演讲台上，与听众有较远的距离。有了微笑就不一样了，一个温暖、亲切的微笑可以让听众感受到演讲者的魅力，拉近演讲者与听众的心理距离，从而让空间距离变得微不足道，甚至不复存在。

小王是一家公司的销售经理，被派去参加某企业的代理商招募会。公司老板对这次招募会志在必得，可小王却十分紧张，因为台下不仅有那家企业的负责人，还有很多强劲的对手。更重要的是，与竞争对手相比，自己公司的优势并不明显，且有消息称那家企业的负责人已经中意了另一家竞争公司。

站在演讲台上，小王的心里直打鼓，但她知道自己不能露怯。于是，她尝试着真诚地微笑，但内心的紧张让她的微笑看起来有些僵硬。为了缓解尴尬，她自我解嘲道："今天外面的天气实在太冷了！大家看，我的表情都被冻住了，僵硬得不得了。"

听了她幽默的自嘲，现场所有人都笑了起来，气氛一下子变得轻松了。小王的紧张感也随之消失，她变得镇静、自信起来。接下来，她介绍公司的基本概况、渠道优势、客户资源以及市场规划……在这个过程中，她始终保持微笑，笑容真诚。在回答该企业负责人的提问时，她仪态优雅，微笑应答，给出合适的答案。

最后，小王打败了竞争对手，成功拿下该企业的产品代理权。事后，小王好奇地问该企业负责人："和其他公司相比，我们公司的竞争优势并不大，您为什么会选择和我们合作呢？"

该企业负责人笑着说："是你的笑容感染了我！开始你很紧张，紧张到脸上的笑容都显得僵硬。可是，你依旧保持真诚的微笑，这让你充满吸引力。要知道，销售员最重要的是尽快拉近与客户的距离，而很多时候，微笑比任何动听的语言都有效。我们相信你的微笑可以打动客户，帮助我们迅速打开市场。"

微笑具有很强的感染力。不管听众的态度、情绪如何，只要我们真诚地微笑就有可能感染对方，迅速取得信任。

微笑还可以消除听众的抵触情绪。当演讲内容与听众的想法有偏差时，演讲者真诚的微笑更容易将听众拉进自己的阵营。也就是说，如果演讲者保持微笑，即便听众知道你和他不是一路人也会对你产生好感，愿意倾听你的演讲。当听众开始对你产生兴趣，不把你排出心门之外时，你说服他们的概率就大大提升。真诚的微笑具有极强的感染力，能打动对方。

一个男人失业了，生活的压力让他总是板着脸，一副愁苦相。后来他做起了小买卖，生意却始终没有起色。正当他一筹莫展时，听说有位成功的商人来他们小镇定居，他决定去找这位商人取取经，求他指点一二。

商人很热情地把他迎进家，笑着说："取经吗？我可不是如来佛。不过呢，我倒想请你帮我一个忙。"男人纳闷地问："我能帮您什么忙啊？"商人说："我这里有 50 双袜子，你帮我在一个星期之内卖出去。要记住，不管别人买不买，都要面带微笑。如果你能做到，我再告诉你成功的秘诀。"

男人虽然感到困惑，但还是带着袜子挨家挨户地上门推销。他谨记商人的话，脸上始终挂着微笑，耐心地给顾客证明袜子是多么结实耐穿。就这样，男人只用 5 天就卖出了所有的袜子。他兴冲冲地来到商人家里，商人的妻子说："他有事出远门了，走之前嘱咐我，让你把这 100 双袜子在一个星期之内卖出去，然后再来。"男人像被浇了一盆冷水，但他一心想得到商人成功的秘诀，只好照做。

为了能快点卖出这 100 双袜子，男人脸上的笑意更浓，对顾客也更加热情。这一次，他感觉自己笑起来毫不费力了，袜子也比上一次卖得多，挑剔的人越来越少。这 100 双袜子也只用 5 天就卖完了，还有不少人跟他预订。

男人急忙跑去找商人，这次商人正在家中，男人问："请问……还有袜子吗？我又预订了 100 双出去。"商人听了哈哈大笑说："不错，我看你已经找到成功的秘诀了。"男人先是一愣，紧接着一拍脑袋，也不由得笑了起来。他脸上的笑容舒展而自信，这是发自内心的喜悦。

这个故事告诉我们，微笑是一种良性的面部表情，既是礼貌的象征，更是情商的体现。演讲时保持微笑，让听众感受到演讲者的友善和尊重，演讲便可事半功倍。

当然，微笑也不是任何演讲场合都可以使用的，我们应该根据演讲的主题和内容进行调整，照顾听众的情绪。比如，进行以灾难为主题的演讲，就不能微笑面对听众；若是在某人的葬礼上致辞，更不能微笑了。

第七章　破冰

演讲遭遇危机，稳定控场，机智救场

☑　听众的表情反应，是你演讲的晴雨表

☑　不小心说错话，如何恰如其分地圆场

☑　演讲卡壳，如何巧妙应对

☑　听众跟你唱反调，如何让他们停止这样做

☑　听众问题刁钻，如何回答才妥帖

☑　听众感觉没劲，怎么调动气氛

☑　突发意外状况，如何灵活控场

☑　沉默一下，收回听众的注意力

听众的表情反应，是你演讲的晴雨表

怎么判断听众是被你的演讲所吸引，还是意兴阑珊？是赞同你的观点，还是很不满意？是感到厌倦，还是意犹未尽？这些都可以从听众的表情中解读出来，因为人的喜怒哀乐往往会通过表情流露出来。面部表情是人们内心世界的一面镜子，是心底世界的流露。

在演讲过程中，如果你发现台下听众的眼睛是明亮的，眼神跟随着你的身影，说明他们被你的话题所吸引，愿意倾听你的演讲；如果听众身体前倾，脸上带着微笑，说明他们赞同你的观点。

相反，如果听众不时左顾右盼，说明他们对演讲内容不感兴趣；如果听众皱着眉头，手托着下巴或是抚摸额头，说明他们质疑你的观点，或者根本没有听懂你的话。当你谈到某一话题时，听众的表情变得严肃、凝重，说明这个话题比较敏感，要么是听众不愿意听的，要么是令听众反感的。

时刻关注听众的表情，根据这些信息揣摩他们的心理，能更好地知晓听众对你的演讲是否感兴趣以及感兴趣的程度。否则，你的演讲不仅不能产生良好的效果，还可能招来听众的反感。

马克·吐温是一位著名作家，更是一名出色的演讲家。他的演讲一般比较简短，他讨厌那些口若悬河的人，觉得演讲时间过长是在浪费时间。

有一次，马克·吐温受邀到教堂听一位牧师募捐的演讲。这位牧师的口才很好，演讲起来声情并茂，包括马克·吐温在内的听众都被他吸引，纷纷表示要慷慨解囊。

按理说，牧师这个时候应该立即结束演讲，组织大家捐款，然而牧师依旧滔滔不绝。10分钟后，演讲还没有结束，台下听众的热情已经消失，开始左顾右盼、交头接耳。又过了10分钟，这位牧师还在慷慨激昂，很多听众已经感到不耐烦了，甚至有人想要离席……

马克·吐温就是其中一员。其实他在第一个10分钟时就有些不耐烦了，觉得这位牧师啰唆，所以他改变主意，决定只捐一些零用钱。到第二个10分钟时，马克·吐温内心的不满加深，他皱着眉，耐着性子听着。这时，他决定一分钱也不捐了。

又过了 10 分钟，牧师的演讲终于结束，但听众的脸上满是不耐烦的神情，早已没有捐款的积极性。

可以说，这位牧师的演讲非常失败，因为他只顾着自己说话，完全没有观察听众的反应，更没有揣摩听众的心理。冗长的演讲让听众失去耐心，感到厌烦，尽管这些信息已经表现在听众的表情上，可他却置若罔闻，自说自话。如此一来，演讲怎么可能成功呢？演讲的目的怎么可能实现呢？

演讲不是一个人的表演，而是需要演讲者与听众互动，包括语言、情感及心灵的互动。听众的表情反应就是他们给予演讲者的反馈和互动，也是演讲者对演讲内容做出调整的关键依据。

只有观察听众的表情，了解听众隐藏在表情背后的想法，并对演讲内容做出针对性的调整，演讲者才能与听众达成良好沟通。如果听众已经显露出怀疑、排斥的神情，而演讲者却依旧按照自己的想法滔滔不绝，只会让演讲走向失败。

有一位年轻的演讲者，为人热情，说话幽默，可是他的演讲就是感动不了听众。他为此去请教卡耐基，诉说自己的苦恼："亲爱的卡耐基先生，我在演讲时爱讲些小笑话，通常也能引起人们的笑声，可为什么我的演讲总是不能成功？您认为我的问题出在哪里呢？"

卡耐基了解具体情况后真诚地说："没错，你在演讲中体现了你的热情，展现了你的幽默。可是，这并不能让你立于不败之地，因为很多时候那些逊色的玩笑起到了相反的效果。"

这位年轻的演讲者认为幽默可以调动气氛，让自己的演讲更有趣、生动，可是他没有发现这些笑话并没有引起听众共鸣，反而让听众感觉只是一场娱乐，毫无内涵。在这种情况下，他的演讲又怎么能打动听众呢？

在演讲中，不仅是演讲者的话语会对听众造成影响，听众的反应也会对演讲者造成影响。所以，演讲者不仅要引领听众情绪，也要根据听众情绪来调整内容、完善演讲。这并不是说演讲者要让出主动权，任凭听众掌控节奏，而是要更好地把握主动权，带动听众。否则，演讲者不仅无法让听众认可自己的观点，还将使自己的演讲面临尴尬。

不小心说错话，如何恰如其分地圆场

演讲时，再有经验的演说家也难免犯些"小错误"，或是因为紧张，出现口误；或是脑袋突然一片空白，忘记了后面的内容；或是情绪失控，失了方寸……

这些都是演讲过程中可能出现的情况。作为演讲者，我们要明白没有人永远不犯错，既然错误已经发生，那就应该及时想办法补救。如果我们把注意力一直放在这个小小的错误上，无法全身心地投入演讲，就真的影响演讲效果。

你听过连锁反应吗？因为你的耿耿于怀，一个小错误可能会导致更多的错误，一时的忘词可能导致忘掉所有内容……结果就是，迎接你的只有尴尬。

既然如此，为什么不让自己冷静下来，思考如何在最短的时间内用恰当的方式圆场？圆场的方式有很多种，幽默是比较有效的补救方式之一。这样听众不但不会耿耿于怀，反而会为你的幽默和机智而鼓掌。

　　某公司举办了为期三周的业务知识培训课程，其间，老板要求员工们围绕"如何提高表达能力"这一话题发表即兴演讲。

　　有个员工上台后，因为太过紧张，竟然说："同事们，一个星期的培训就要结束了……"

　　大家一听都笑了起来。这个员工马上意识到自己把时间弄错了，赶紧解释道："我知道这是三个星期的培训任务，我之所以说成一个星期，是希望同事们和我一起，把三个星期的学习时间当作一个星期来珍惜。这样，我们心中就会时刻都有一种紧迫感，大家更会抓紧时间，努力学习，提高业务能力。大家说，是吗？"

　　大家高声回答："是！"随后便热烈地鼓起掌来。

有些意外状况虽然算不上什么大问题，但若不能及时圆场，就会给听众留下不好的印象，从而影响演讲效果。而且，纠正失误也不是简单的事情，如果演讲者只是说："对不起，我刚说错了，正确的词语应该是……""很抱歉，我忘词了……"虽然可以解决问题，可终究不太巧妙。如果演讲者能够运用智慧，不着痕迹地纠正错误，为自己圆场，不仅不会引起听众反感，还可能把演讲推向高潮。

比如，可以将错就错、巧妙地把错误抹掉；或者把错话引开，说："这个观点是某些人提出的，我并不认同，我认为……"；或者大大方方地承认错误，然后把问题抛给听众："刚才我说错了一个词，大家听出来了吗？现在我来看看，听出来的有几个？那些没听出来的是不是走神了？"

演讲者还可以诡辩，把无意中说错的词变成像是故意说错的。这和把问题抛给听众如出一辙，只是后者利用提问转移错误，前者通过自圆其说转移错误。

一位企业家在全体员工面前演讲，动员大家提高工作积极性，按时完成项目任务。可是他把时间说错了，把"8月15日前必须完成任务"说成"8月10日前必须完成任务"。说完之后，他和员工都意识到这个错误，他马上说道："同志们，其实我是故意把期限缩短的，因为我希望大家能够意识到时间的紧迫，抓紧每一分每一秒，大干特干……"

　　需要注意的是，无论如何，我们都不要为了圆场而狡辩，而应该表现出真诚的态度。如果听众已经明确听出我们的错误，我们还试图狡辩，为自己开脱，只会给听众留下糟糕的印象。

演讲卡壳，如何巧妙应对

在演讲中，卡壳是一种常见现象，尤其是刚接触演讲的新人，因为不自信、紧张，看到台下那么多双眼睛盯着自己，就不由得大脑一片空白。此时就是考验演讲者灵活应变能力的时刻。

首先，演讲者应该冷静下来，然后通过演讲稿、演讲提纲帮助自己回忆内容。在这个过程中，演讲者可以说一些题外话，转移听众的注意力，给自己回忆演讲内容争取更多的时间。

当然很多时候演讲者是脱稿演讲，这就需要围绕演讲主题自由发挥。这种方式比拼命回想演讲稿内容要有效得多。因为在高度紧张的时刻，我们的大脑可能是紊乱的，情绪也可能不稳定。越是拼命回想，越想不起要说的内容，就越紧张焦虑，导致大脑一片空白。如果能够自由发挥，不管演讲稿究竟写了什么，反而可以让自己尽快冷静下来，顺利地完成演讲，甚至得到意想不到的结果。

　　小陈是一位新闻评论家，他在大学读书时参加过一次演讲比赛。他精心准备了一篇不错的短篇故事，为了让自己的演讲更精彩，他逐字逐句地把演讲稿背诵下来，并且反反复复地预讲了很多次，甚至设计了自认为不错的手势动作。

　　演讲那天，他走上演讲台，看见台下那么多听众都盯着自己，内心感到无比紧张。接着，他只说出了演讲题目，大脑就一片空白了。他站在那里不知所措，紧张和恐惧包围了他。可他很快就让自己冷静下来，不再努力回忆演讲稿，而是按照记忆和理解，用自己的话把那个故事讲了一遍。慢慢地，他忘记了紧张，在台上侃侃而谈。结果，他的演讲出乎意料地出色，赢得了听众热烈的掌声。

　　还有一位姓宋的演讲者就没那么幸运了。小宋年轻有为，是某保险公司的副总裁，时常为客户和员工演讲。有一次，他受邀参加一次保险业的会议，并且被要求做一次关于保险的演讲。

　　小宋非常重视这次演讲，费尽心思地写了一篇演讲稿，并把演讲稿背得滚瓜烂熟，一遍遍地对着镜子演练，力求把情绪、情感表现得淋漓尽致。甚至连如何上台、下台，他都进行了详细的排练。

　　到了演讲那天，小宋自信地走上讲台，可他刚说几句话便卡壳了，忘记了后面的内容。为了让自己回忆起下面的内容，他按照之前演练的那样——后退几步，重新开始。可是这没起到任何效果，他依旧想不起任何内容。小宋更加紧张了，可他拼命地回想还是想不起来。他再次后退几步，重新开始……

　　由于演讲台是临时搭建的，后面没有任何保护措施，所以当他第四次后退的时候，竟一脚踩空，从讲台上摔了下去。现场一片混乱，演讲也不得不终止，小宋更是觉得丢尽了脸，很长时间都不敢站在演讲台上。

　　这就是能否灵活应对卡壳的区别。你想做小陈还是小宋呢？

　　答案不言而喻。那么，如何做到灵活应对，化解卡壳的尴尬呢？下面介绍一些实用技巧。

　　第一，用空话和套话填补空白。这一点我们之前就说过，若你讲不下去了，可以用一些空话和套话来争取时间，直到找回思路。这个方法可能不太有效，但总比冷场要强。

　　第二，尝试重复前一个问题，回忆演讲稿大纲。不管是什么主题的演讲，前后内容都是紧密相连的，存在合理的逻辑关系。尝试重复前一个问题，可以帮助我们回忆起之前的内容。比如，演讲分为5个部分，我们讲到第三部分就卡壳了，那么完全可以先重复第二部分的内容，若还是想不起来，也可以把它跳过去，转而讲述第四部分。如果第三部分的内容不太重要，那么可以忽略不计；如果内容比较重要，可以在想起来的时候补充，或是在演讲的最后再具体阐述。

第三，礼貌地结束演讲。礼貌地结束比站在那里冷场，或是编造一些与演讲不相关的内容要好得多。听众见到我们的坦诚，或许还会佩服我们的勇气，理解我们的苦衷。

除此之外，还可以做一些事情来缓解情绪，如喝一口水、来回踱步等。很多演讲家都善于运用这些方法。当精神放松、大脑运转正常后，也许就会记起演讲的内容。

听众跟你唱反调，如何让他们停止这样做

    演讲就是阐述自己的观点，调动听众的情绪，然后说服听众赞同和支持自己，但并不是所有人都容易被说服，每个人都有自己的想法，有可能恰好与演讲者不同。当然，大部分听众会保留意见，不会当场反驳你。只有少数听众会站起来跟演讲者唱反调。

    这时，演讲者应该怎么应对呢？

    重要的是，演讲者不能有心理包袱，害怕听众唱反调，或是拒绝听众表达自己的想法。越是这样，演讲者就越容易产生心理障碍，导致自己情绪紧张，惊慌失措；或导致排斥听众，不信任听众。如此一来，演讲者的内心就会被扰乱，思绪也会被打断，导致无法正常发挥，从而影响演讲效果。

    实际上，在公开场合演讲时，有人唱反调再正常不过了，

毕竟我们不可能要求人人都与自己的观点、想法一致。只要我们保持清醒的大脑，客观对待听众的"反调"，问题就变得简单多了。

在这方面，幽默是个不错的方法，先用幽默来化解矛盾，使气氛变得活跃轻松，再继续表达自己的观点。如此一来，即便不能立即获得听众的认同，也可以给听众留下好印象。事实上，当我们利用幽默成为现场气氛的调节者时，就能轻松地掌控现场节奏，而不至于被听众牵着鼻子走。

在一次活动中，苏联诗人马雅可夫斯基发表了精彩的演讲，赢得了听众热烈的掌声。然而，有支持者就有反对者。一位听众并不赞同马雅可夫斯基的观点，突然冲到演讲台上，大声喊道："我提醒你，拿破仑有一句名言——从伟大到可笑，只有一步之差！"这显然是在表达"你是可笑的，你的观点也是可笑的"。

面对这一突发状况，马雅可夫斯基有些惊讶，但并没有与对方争论。他微笑地看着那位听众，平和地说："没错，从伟大到可笑，只有一步之差。"此时，马雅可夫斯基和那位听众恰好只有一步的距离。微笑镇定的马雅可夫斯基和情绪失控的听众形成鲜明对比，而这种对比一目了然。台下听众顿时发出笑声，并给予马雅可夫斯基热烈的掌声。

高明的演讲者不仅能滔滔不绝地表达自己的观点，更能运用智慧来化解尴尬，避免争论，使现场气氛其乐融融。所以，作为演讲者，我们不要被听众牵着鼻子走，而应该镇定从容地站在听众面前，成为现场气氛的调节者和掌控者。同时，我们要学会尊重听众，仔细聆听听众的想法，即便他是与自己唱反调的人。

需要注意的是，很多唱反调的听众并不是故意挑衅和刁难，只是想提出自己的想法。这时一定要了解并尊重他们的观点和立场，而不是和他们对抗，非要强调他们的观点是错误的，非要他们支持并赞同自己的观点。这种做法只能让听众心生反感，影响演讲的进程和结果。即便听众是错的，我们是对的，对抗也只会导致争论，而争论则会导致听众拂袖而去。这样的结果是我们想要的吗？当然不是。

演讲是为了获得听众认同，而不是与听众争论。在听众唱反调的时候，我们越是反驳，他们的反对意识就越强烈，我们就越会处于被动地位。让听众知道他们是受尊重的，与他们求同存异才是我们的目的，这样既可以化解矛盾，又可以提高演讲质量。

大多数时候，只要我们关注的不是他们的反对意见，只要我们不因他们唱反调而感到害怕和愤怒，就可以巧妙地解决听众唱反调的情形。如果我们把矛盾消弭于无形，营造一种活跃轻松的气氛，也许就可以让他们心甘情愿地接受我们的观点。这就是临场发挥的智慧，也是演讲的境界。

听众问题刁钻，如何回答才妥帖

演讲时，常会有一些听众提出刁钻的问题，他们或许目的不纯，或许喜欢标新立异。无论如何，这样的突发状况都会给演讲者带来麻烦，若处理不好，很可能导致演讲失败，令演讲者尴尬。

那么，演讲者如何应对听众刁钻的问题，避免让自己陷入尴尬呢？

很简单，保持冷静，灵活应对。只要演讲者做到这8个字，便可以恰到好处地救场、控场。相反，如果演讲者不能控制自己的情绪，因为听众的刁难而怒气冲冲，反唇相讥，只会使自己陷入尴尬的境地，导致演讲失败。

最近，小李因为业绩突出被上司提拔为部门主管，但部门里有很多同事不服气，觉得他年纪轻、资历浅，不适合做部门主管。当小李第一次站在部门中心位置上讲话时，那些不服气的同事故意吊儿郎当，不好好听。一个同期竞选部门主管但失败的同事在小李讲到一半时突然发难，阴阳怪气地说："你年纪这么轻，怎么领导我们这些老大哥？你觉得业绩做得好就意味着会做管理吗？"

小李顿时愣住了，脸涨得通红，不知该如何回答这个问题。这时，那些不服气的同事也开始附和，你一言我一语地等着看他的好戏。小李知道这些人不服气，只是没想到他们竟然当众让自己难堪。于是，他怒气冲冲地反击道："我能不能做管理，不是你说了算，老板让我坐在这个位置，自然有他的道理！"

小李说完，现场就更混乱了。那位竞争者站起来和他争吵起来，其他人也纷纷帮腔，小李最后只能落荒而逃。

小李对这件事的处理方式显然是错误的。他明知道同事是故意刁难，其他人也等着看他的笑话，可他却不懂得控制自己的情绪，而是愤怒地反击——"我能不能做管理，不是你说了算"。可惜他的反击没有任何杀伤力，反而让他成为众人眼中的笑柄。这种不明智的反击不仅搞砸了他的第一次当众演讲，还有可能影响他的职场前途。

其实，小李完全可以巧妙地应对刁难，化危机于无形。比如，他可以说："确实，我太年轻，也没有多少经验，所以今后还请各位老大哥多帮忙，我们共同努力、共同进步。"这样既给了对方尊重，也缓解了自己的尴尬。

即便小李想要立威，杀一杀那些不服气者的威风，也应该保持风度，说出让对方无法反驳的话。比如，利用反问的方式，说："是吗？那我们就拭目以待！到时可要请各位老大哥监督一下啊！"

在演讲中，无论听众的问题有多刁钻都不重要，重要的是如何灵活巧妙地回答问题，同时不让对方的问题影响自己的情绪，更不让事件本身影响演讲的氛围和进程。

尤其是面对那些目的不纯的提问者，把话漂亮地反击出去，可以说是应对刁难的不二法门。因为很多时候不是客气地回答或者巧妙地回避就能解决问题，反而可能助长挑衅者的气焰，也给其他听众留下不好的印象。

巧妙地回答既可以浇灭对方的气焰，也可以维护自己的形象，可以说是一举两得。下面我们来看一位作家巧妙地回击他人的故事：

这位作家一直辛勤写作，可由于各种原因，他的作品并没有获得读者的欣赏。但他没有放弃，始终坚持自己的风格和特色，年复一年、日复一日笔耕不辍。终于，他的新作受到读者欢迎，成为当时畅销的作品。他本人也获得了很多奖项。

　　一家出版社与作家签订协议，出版了他的小说，并为此举办了大型的媒体发布会。在发布会上，作家做了简短的演讲，讲述自己的创作心得。没想到在媒体提问环节，一位记者提出了一个刁钻的问题："我拜读过您的大多数作品，这部新作显然和您之前的风格不太一样。难道是您借鉴了其他人的作品，还是干脆请别人帮忙了？"

　　这位记者的提问不可谓不刻薄，虽然语气礼貌，但话里话外传达了一个意思——作家的新作很可能是抄袭别人或是找人代笔。这样的指控让作家陷入两难的境地——如果他不回应，人们就会认为他的作品是抄袭的，不仅他的新作发行会受到影响，恐怕也会从此背上抄袭、找代笔的黑锅。如果他反应激烈，与那位记者争论起来，即便不是抄袭，第二天的新闻也会写得很难看。更重要的是，这样的冲突会冲淡发布会本身的目的——发行新书，导致影响出版社和作家的形象及利益。

　　那么，如何进行漂亮的反击呢？

　　作家微微一笑，回答道："谢谢您，我没有想到您居然读过我的所有作品。不过，我也有一个问题，既然您对我的风格如此了解，为什么会觉得这本新作不像我的风格呢？您是借鉴了谁的说法，还是谁替您读了我的小说？"

听了作家的话，现场所有人都笑了起来。那位记者只能羞愧地低着头，没有再说一句话。

就这样，作家用机智的语言化解了记者刁钻的提问，不仅没有让个人声誉受到影响，反而活跃了发布会的气氛。

由此可见，那些刁钻古怪的问题虽然令人头痛，但最好不要与刁难者纠缠，更不要被问题激怒，忘记自己演讲者的身份。只要冷静应对，巧妙问答，问题就会迎刃而解。

听众感觉没劲，怎么调动气氛

演讲中还有一个危机，不是听众提出刁钻问题，而是听众感觉没劲。听众提出刁钻问题，或是提出反对意见，从另一个角度来说，他认真地倾听了演讲，并且进行了思考。但如果听众兴奋不起来，说明演讲没能引起他们的兴趣。这可能是因为演讲内容太枯燥，让听众感到厌倦；也可能是讲得不够生动，打动不了听众。

无论是哪种原因，解决问题的关键都在于演讲者本身。演讲者要进行自我检讨，找出听众兴奋度不高的原因，再努力把气氛调动起来，重新抓住听众的注意力。那么，怎样调动气氛呢？幽默和自嘲不失为一种很好的方法。

幽默本就是调节气氛、调动听众情绪的有效武器。当听众精神不集中时，适当地用风趣的语言幽默一下，或是谈点趣闻逸事等，既可以拉回听众的注意力，又可以让演讲内容变得更加生动有趣，可以说是一举两得。

> 有位演讲家在进行生态保护主题的演讲时，一只小鸟突然从窗户飞了进来，叽叽喳喳地在会场里飞来飞去，最后竟落到了主席台上，引得听众哄堂大笑……最后，鸟儿飞走了，可演讲会场却一直安静不下来。
>
> 演讲家见此情景，没有接着刚才的话题讲下去，而是适时的幽默了一下，说："这鸟还挺有灵气的啊，知道我们在这儿开这样的演讲会，就专程飞来向大会表示祝贺！这说明动物是有灵性的，它们也是有恩报恩、有怨抱怨的。就说大象吧，多么温顺的动物啊，可一旦我们有意欺负它们，它们不但不会再帮我们干活，反而会向我们实施报复呢！"
>
> 这时，大家的目光再次投向演讲家，他便重新回到了原来的演讲轨道。

演讲时，幽默的语言是有效的调节剂。当演讲气氛不好、听众的兴奋度不高时，适当地运用幽默的语言调节一下，往往可以收到意想不到的效果。当然，这并不是说任何沉闷的现场都可以用俏皮话等形式来消除。这只是调节气氛的一种方式，如果演讲者不能解决根本问题，危机依旧会存在。

很多时候，听众注意力不集中，对演讲不感兴趣，是因为演讲内容不够精彩，这就需要在演讲内容上下功夫。比如，设置悬念，或利用有趣的故事、欢快的语调来渲染情感等，都可以激起听众的兴趣，赶走沉闷的气氛。

以设置悬念为例，如果演讲者一开始就设置悬念，引起听众的好奇心，听众就会对后面的内容感兴趣，全神贯注地寻找想要知道的答案。而且，悬念设置得越巧妙，听众的关注度就越高，演讲效果也越好。

有位老师举办了一场讲座，但学生们对讲座内容不感兴趣，会场秩序比较混乱。老师见此情形，转身在黑板上写了一首诗："月黑雁飞高，单于夜遁逃。欲将轻骑逐，大雪满弓刀。"

他接着说："这是一首有名的唐诗，广为流传，还被选入中学课本。大家都说写得好，我却认为它有点问题。问题在哪里呢？等会儿我们再谈。今天，我要讲的题目是《读书与质疑》……"

这时，全场鸦雀无声，学生们的胃口被吊了起来。

演讲即将结束时，老师说："这首诗的问题在哪里呢？不合常理。既是月黑之夜，怎么看得见雁飞？既是严寒季节，北方哪有大雁？"

　　如此首尾呼应，加深了学生的印象，强化了演讲内容，令人回味无穷。

　　可以看出，制造悬念是演讲者掌控节奏、吸引听众注意力的关键。人们都是有好奇心的，在得到答案之前通常会集中注意力，跟着演讲者的节奏走。但也要注意，设置悬念要有分寸，不能把时间拖得太长，否则听众会失去耐心。

　　试想，你一开始就提出问题，设置悬念，直到演讲结束前才揭开谜底，听众还有耐心听下去吗？比较合适的方法应该是在演讲中多设置几个悬念，并在恰当的时机给出答案，满足听众的好奇心。如此一来，听众持续保持兴奋，演讲也能达到一个又一个高潮。

　　此外，提问也是扭转局面的好办法。很多高明的演讲者都喜欢用提问的方式来唤起观众的注意力，因为这种互动可以增加听众的参与感，是调动气氛、避免听众走神的良药。

　　提问就像一个开瓶器，能够拔掉阻挡在演讲者和听众之间的塞子，促进双方更直接、顺畅地交流。比如，当你发现现场气氛比较沉闷，听众已经开始走神时，不妨停下来，提出问题："大家请注意，我现在提一个问题……""我前面说了，想要提升业绩，一是需要……二是需要……三是需要……那么，大家猜一猜第四点应该是什么？"你也可以让听众提问："这一点我们已经讲完，大家有什么问题吗？"

　　事实上，不管是提出问题还是让听众提问，都是演讲者融入听众的过程。当你融入听众，与他们形成自然、良好的互动时，听众也就自然地融入演讲，专心致志地倾听演讲。

突发意外状况，如何灵活控场

在演讲台上，任何意外状况都有可能发生，既可能是由于演讲者自身能力不足、口误或听众不配合，也可能是由于各种不可抗拒的外力以及现场其他的人或物。

不可抗力的意外虽然很难扭转，但我们仍可以灵活应对，尽可能降低意外状况对演讲的影响。

比如，在演讲过程中，可能会出现停电、麦克风发出怪声、演讲台有人闯入等情况。这些意外状况的发生势必会影响演讲进程，引起听众的情绪波动。但是事情既然发生了，演讲者就不能回避，更不能因此而慌乱。因为演讲者的情绪将直接影响听众的情绪，演讲者慌乱，听众肯定更慌乱。

所以，演讲者必须正视这些意外状况，想办法解决问题，并且稳定听众的情绪，恢复现场秩序。停电了，可以安抚听众："没有关系，大家不要紧张，只是停电而已，让我们的演讲继续吧。"

或者自嘲一番："真是不错，这样一来，那些听烦了我演讲的人就没有办法离开了。"当麦克风发出怪声时，演讲者可以幽默地说："我想它是在表示不满，可能觉得我的演讲不够精彩。""对于我的演讲，大家有什么意见吗？你看，麦克风都开始提意见了，大家也踊跃提出来吧！"

只要我们能灵活应对，这些意外状况不仅不会影响演讲，反而会让现场气氛变得活跃轻松，取得意想不到的效果。

还记得某上市公司高管在演讲中被泼水的意外吗？他的控场能力和救场能力也在此时突显出来。

当时，这位高管在公司 AI 开发者大会现场进行演讲，当他慷慨激昂地讲到自动泊车时，一位听众突然冲上讲台，把一瓶矿泉水直直地从他的头顶浇下来。

事发突然，现场保安没能反应过来，这位高管也没有任何防备，只是惊愕地说了句："怎么回事？"然后陷入尴尬和沉默。但他很快就镇静下来，调整自己的情绪和状态。他一边用纸巾擦拭身上的水渍，一边用调侃的语气说："大家看到，在 AI 前进的道路上，还是会有各种各样想不到的事情发生，但是我们前行的决心不会改变，我们坚信 AI 会改变每一个人的生活。"

这句话一说完，台下顿时爆发雷鸣般的掌声。

这句"在 AI 前进的道路上，还是会有各种各样想不到的事情发生"，既缓解了自己的尴尬，活跃了现场气氛，更突出了演讲主题，突出了他和公司勇往直前的决心。可以说，这是一次非常成功、得体的应急处理。正是因为这位高管恰当、及时的救场，不仅没有让这个意外搞砸发布会，反而使发布会获得了更大的成功。

事实上，很多出色的演讲家都具有高超的救场和控场能力，他们能够轻松自如地处理意外状况，甚至能把"意外"这一危机转化为良机。退一步讲，如果这位高管没有被泼水，没有他巧妙的应对，或许公司 AI 开发者大会不会引起这么大的轰动，听众和观众的兴趣也不会那么浓。

作为演讲者，我们要明白：演讲是一个现场活动，即便我们准备得再充分，即便我们的能力再强，都可能发生一些让我们措手不及的意外状况。这时，我们不能只站在原地发呆，而应尽快让自己冷静下来，思考如何让演讲顺利地进行下去。

贝托尔特·布莱希特是德国的诗人、戏剧家，也是一位出色的演讲家，但他非常讨厌那些长篇大论的演讲。有一次，布莱希特被邀请参加一个宴会，并答应主办方致开幕词。宴会一开始，主办人就发表了一通既冗长又煽情的贺词，台下听众显然不耐烦了。

　　布莱希特知道如果自己再发表演讲，台下听众非"发疯"不可。于是，他打算用最简短的话来致辞。当主办人宣布"现在，我们请著名的大戏剧家、大诗人贝托尔特·布莱希特为本次大会致开幕词"时，他快步走上演讲台，只说了一句话："现在，我宣布，宴会正式开始。"说完，全场听众爆发出热烈的掌声。

　　布莱希特这句话虽然简短，但在那时那景却是最佳的开幕词。要知道听众是来参加宴会的，不是来听冗长、煽情的贺词，在主办人已经花费太多时间的情况下，布莱希特多说一句话都可能引起听众的反感。

　　面对这样的意外状况，布莱希特没有按照原计划发表演讲，而是以快速、清晰地宣布"宴会开始"结束自己的"演讲"。这足以显示他的智慧和情商，以及很好的应变能力和救场能力。

　　总而言之，演讲不是把信息传递给听众、把稿子念出来就罢了，还需要演讲者从实际情况出发，灵活处理问题，巧妙化解危机，展现更好的自己。

沉默一下，收回听众的注意力

　　没有哪个演讲者希望听众对自己的演讲表现出意兴阑珊、毫无兴致的样子，但事情往往不尽如人意。当我们在台上滔滔不绝的时候，总会发现台下有打着哈欠、昏昏欲睡，或者左顾右盼、窃窃私语的听众。

　　这个时候，如果不能让听众收回注意力，演讲效果必将受到影响。前面说过，利用语调、语速的变化，或者提问的方式都可以吸引听众的注意力，不过有时也可以反其道而行之。简单来说，若发现听众已经走神，注意力不在自己身上，不如适当地来一次沉默，可能会收到更好的效果。

　　一位演说家在演讲时，由于演讲内容比较多，时间比较长，听众逐渐失去了兴趣，或窃窃私语，或做着自己的事情。

这位演说家并没有大声制止听众，而是反其道而行之。他开始逐渐降低自己说话的声音，声音越来越小、越来越小，就连最前排的听众也听不清他所说的内容。这时，台下的听众反而停了下来，纷纷抬头看着他，他沉默了十几秒后提高自己的语调。如此一来，听众都被吸引过来，继续倾听他的演讲。

很多时候，不管我们的演讲内容多么精彩，情绪多么激昂，如果我们始终维持一个状态，或是单调平淡地讲话，或是情绪高昂地讲话，都很难让听众维持浓厚的兴趣和高度的注意力。适当改变说话方式，故意沉默一会儿，反而可以吸引听众的注意力，调动其积极性。这与戏剧表演中的"留白"有异曲同工之处。

有一位演讲者上台后，将近半分钟没有说一句话，似乎在等待台下安静下来。

可台下安静了，他还是一句话都不说，直到整个会场的空气快凝固了，听众也快坐不住了，他才慢慢地将一枝玫瑰从背后移到了胸前。

他仍旧没有说话，而是闭上眼睛，对着花深情地闻了几秒钟。现场听众都屏住呼吸，静静地等待着，想看看他葫芦里究竟卖的是什么药。这时，他才从容地开口了……

　　高超的演讲并不需要说得多、喊得响，适时的停顿和沉默往往比滔滔不绝更有效果。对于演讲者来说，不管讲什么内容，不管情绪如何，恰当的沉默都会增加其话语的分量，吸引听众的注意力。当我们在演讲中发现听众心不在焉时，不妨尝试一下这种方法。

第八章　实战

你与成功之间，就差一场高效演讲

- ☑ 求职面试，创意介绍让你脱颖而出
- ☑ 汇报工作，如何讲才能赢得领导赞许
- ☑ 竞聘演讲，说好了就可能顺利升迁
- ☑ 产品推介，让客户当场下单
- ☑ 产品营销，打造良好的品牌形象
- ☑ 领导讲话，有效发挥自己的号召力

求职面试，创意介绍让你脱颖而出

　　求职面试是一个人展现自我的时刻，也是彰显个人魅力的场所。在这个过程中，求职者的口才和沟通能力至关重要。如果你的语言精彩生动，就可以产生巨大的吸引力。尤其是自我介绍，看似简单，其实有着很大的学问。很多人认为，自我介绍无外乎姓名、年龄、学历、来自哪里、有哪些特长、想要什么样的工作……可这样简单、俗套的介绍，谁喜欢听？面试官经常面试求职者，这样毫无新意的介绍，如何给其留下深刻的印象？恐怕面试官第一个就把你刷掉了，除非你的专业极为特殊，履历也极为耀眼。

　　下面我们来看看胡适是如何自我介绍的：

　　　　胡适是我国著名文学家。有一次，他应邀为某大学的学生做演讲。开始时，他引用孔子、孟子的话，然后在黑板上写上相应的"孔说""孟说"。之后，胡适发表自己的意见，在黑板上写上"胡说"两个字，并幽默地自嘲说："我今天不是向同学们做报告的，我是来'胡说'的，因为我本来就姓胡。"话音刚落，现场的学生哈哈大笑起来。

胡适的说法独具一格，幽默诙谐的语言，既活跃了现场气氛，拉近了与同学们的关系，又体现了他的谦虚和低调。正因如此，胡适的演讲赢得学生们的热烈欢迎。

求职者自我介绍时，完全可以学习胡适这种幽默风趣的风格，有创意地介绍自己。这样可以让面试官会心一笑，使得面试官"喜欢你"，想要"了解你"，进而更愿意与你交流。这样一来，你就赢得了交流的主动权，有更多的机会吸引面试官的目光。

小高是某大学管理系的高才生，成绩优秀，能力也不错。可对于很多企业来说，聘用经验不足的应届毕业生总是存在顾虑。小高面试的这家公司，老板是白手起家，更看中实干，不喜欢只有理论知识却没有实践经验的应届毕业生。

当小高简单介绍自己之后，老板摇着头，说："我学历不高，但靠着自己的努力和拼搏把企业做大做强，所以不相信高学历代表着高能力，也不喜欢那些把大道理说得头头是道的人。虽然你的学历很高，但我还是觉得如果你的脑子里只有一大堆没用的理论，就不适合我们公司。"

这位老板显然没有看中小高，小高也知道如果不能尽快扭转对方的看法，展现自己的能力，就会立即被刷掉。他想了一会儿，微笑着说："我觉得您说得非常有道理。"接着，他故作神秘地说："如果您答应我不告诉我父亲，我想要告诉您一个秘密。"

老板感到十分奇怪，不知道小高葫芦里卖的什么药，但还是示意他说下去。

小高接着说："其实我也觉得高学历不代表高能力，所以在大学里，我不仅学习了那些枯燥的理论知识，而且利用很多时间来办社团、举办活动。这不是为了学以致用，就是为了满足我爱管人的心理需要。"

老板听了小高的话，哈哈大笑起来，说："没想到你这小伙子还挺幽默。"接下来，老板询问了小高办社团、举办活动的相关事宜，看到了他统筹管理的能力。

就这样，小高利用别具一格的自我介绍为自己赢得了一个机会。

表面上看，小高是以幽默的方式说自己"爱管人"，实际上是用另一种方式告诉老板："我不仅有高学历，还重视实践，有很多管理经验。"这样做显然比直接说"我有管理经验""我办过很多社团"更具有说服力，更能消除对方的疑虑。

求职面试时，让自我介绍更有创意、更有趣是关键的一环。每个求职者都应该锻炼自己的说话能力，而不是呆板地介绍自己，一板一眼地回答面试官的问题。给面试官带来新鲜感，能给面试官留下更好的印象，使自己有机会脱颖而出。

汇报工作，如何讲才能赢得领导赞许

《哈佛学不到》的作者说："谁经常向我汇报工作，谁就在努力工作。而相反的，谁不经常汇报工作，谁就没努力工作。"

这句话说得绝对，但不可否认，汇报工作是职场中必须掌握的一项技能。如果你能精彩出色地向领导汇报工作，赢得青睐和欣赏，就会为你的工作锦上添花。尤其是完成棘手的任务时，如果你能在汇报中恰当地突出自己的能力、努力以及成绩，离升职就不会远了。否则，可能你的工作做得出色，付出了大量的时间和精力，也没有赢得领导的赞赏。

在汇报工作时，很多人容易犯的错误就是啰唆，半天讲不到重点。他们通常会把大部分的时间和精力用来描述细节，比如遇到了哪些问题，是如何想办法解决的；或者是如何与客户沟通，客户是如何难缠等。领导都很忙，时间有限，他们可能并不关心你具体做了哪些努力、遇到了哪些困难，更不关心你做这件事的细节，而是这项工作的结果。

下面我们来看看某家公司的两位销售员小李和小王是如何汇报工作的。

小李："领导，我今天拜访了3位客户，早上第一个拜访的就是那个姓陆的客户。原本我们已经约好时间，说今天上午8点见面。可是，我按照约定时间过去，等了一个小时他都没有来，我只能给他打电话。结果，客户说他正在忙工作，忘记了我们的约定，让我再等一会儿……结果我等到中午12点，这位客户还没有来，我只好再去拜访第二位客户……"

小李还没说完就被领导打断了，还挨了一顿批评。

小王："领导，我今天的工作也是拜访客户，上午我拜访了3位客户，最终确定一位有合作意向，约好两天后签订初步合作协议。我还回访了3位已签约客户，对他们的销售库存、货品展销进行了解，发现这3位客户都存在一个问题……如果这个问题不能解决，我担心影响客户之后的销售业绩，以及跟我们的合作前景。希望领导能帮忙想点办法，快速解决这个问题。另外，我计划明天再跑另一个区，收集一些客户信息，开拓新的市场。现在我的问题是……希望领导能给予支持。"

结果，小王得到了领导的赞扬，领导还要求其他人都向小王学习。

相信不论谁是领导，不论在什么企业，都没有人愿意听小李的汇报。原因很简单，小李的汇报没有重点和条理，说了半天也没有说到实质内容。领导听了这样的汇报，怎么能不怀疑他的工作能力？

小王重点突出、条理清晰地汇报了自己的成绩、困难和计划，还提出了问题，让领导一目了然。正因为如此，小王赢得了领导的青睐，很快被提拔为销售主管。

当然，这并不是说汇报工作时不能详细具体，如果汇报时只是泛泛而谈、蜻蜓点水，不讲自己的工作内容和成绩，肯定无法引起领导的注意。汇报工作时，最好通过具体的事例、准确的数据来总结自己的工作成果。尤其是对比较难的项目，应该详细阐述项目的要点、特色和收获以及遇到的问题和困难等。

同时，汇报工作时要如实陈述自己的成绩，不要夸大功劳，更不要抢同事的功劳；不要只报成绩，不报问题和错误；也不要说空话、套话，夸夸其谈。

汇报工作还需要因人而异，根据领导的性格、脾气确定汇报要点。如果领导性子急，汇报就要简明扼要，让他一下子就抓住要点；如果领导注重细节，则应全面系统地介绍自己的工作，力求做到有条理、有步骤地汇报。

机会总是留给有准备的人，我们要提高汇报技巧，掌握高效汇报的秘诀，不至于"工作时努力勤奋，一到汇报就乱糟糟"。

竞聘演讲，说好了就可能顺利升迁

从语言角度来说，竞聘演讲需要有个性、有特色，展现自己独有的优势和气场，给听众留下深刻的印象，进而在众多竞聘者中脱颖而出。当然，这不是说你的演讲稿必须辞藻华丽、文笔斐然，甚至独树一帜。

事实上，只讲究语言华丽、风格独特却套话连篇、华而不实的演讲，反而无法体现个人的特质和真情实感，很难竞聘成功。为了显示自己的优势，讲得天花乱坠，也容易给人一种高谈阔论、眼高手低的感觉。

所以，聪明的竞聘者不会高估自己的能力而盲目许下"军令状"，显示出"该职位非我莫属"的样子，相反，他们能够正视自己的劣势，并且巧妙地化短为长，为自己的竞聘增加成功的筹码。

我们来看看下面这位竞聘者的演讲：

> "我从来没有担任过领导，缺少经验，但正因为如此，我少了一分畏首畏尾，多了一分敢作敢为。这就是人们常说的'初生牛犊不怕虎'吧……我一直在基层工作，特别能理解基层工人的需求和心境，因此，我同很多工人一样对摆架子、高高在上的领导看不惯，自然也不会成为那样的领导……没错，我没当过领导，就像一张白纸，正好跟所有人一起绘制我们最美的蓝图！"

这位竞聘者非常聪明，虽然与其他竞聘者相比，他处于劣势——没有经验，但他却换了一个角度来阐述，将自己的劣势变成有闯劲、亲民、了解基层需求等优势。更重要的是，他的语言朴实、真诚，具有亲和力。他的真诚深深地打动了大家，最终以多数票获胜。

竞聘演讲的目的是表现自身才华，展示自己优秀的一面，所以语言要诚恳、准确、得体，演讲时也要注意与听众的交流。引起听众的共鸣，就能叩击听众的心扉，从思想深处征服听众。

引起听众共鸣的方式有很多，上面那个竞聘者用自己的亲身经历和感受以及与基层工人相同的经历和心境，缩短与听众的心灵距离，引起听众的共鸣。演讲者与听众在身份、地位、经历、愿望或兴趣上有趋同性的话，就很容易让彼此产生共同语言，进而产生共鸣。

很多演讲家都善于利用这一点来吸引听众，鼓动听众，而且效果不错。

　　某大学邀请一位老教授做关于演讲技巧的报告，当时校园里还在举行青年歌手大奖赛。

　　老教授走上讲台，发现台下虽有空位，但走廊上却站着不少学生，可见这是心中犹豫不决的听众，他决定争取这部分人。于是，他放弃已经准备好的开场白，这样讲道：

　　"同学们，今天是你们鼓舞了我，你们放弃了青年歌手大奖赛，来这里听我演讲，这说明你们严肃地做出了选择。在说的与唱的之间，一般人选择唱的，而你们却选择了说的；在年轻小伙子、姑娘和老头子之间，一般人选择小伙子和姑娘，而你们却选择了我这半老头子。这说明你们认定说的比唱的好听，老头子比年轻人更有魅力，这使我产生了一种返老还童之感。"

　　他话音刚落，报告厅内便响起了热烈的掌声，走廊里的人挤进了座位，后来的人又挤进了走廊。

我们要明白，演讲者是向听众进行推销，如果自顾自地展现自己的能力和才华，却没有从听众的角度出发，顺应听众的内心需求，就有可能会失败。

产品推介，让客户当场下单

产品推介，可以说是比较难做的演讲。因为在演讲中，我们要介绍自己的产品，并且让听众认可、喜欢我们的产品，进而产生购买的欲望，可听众的心并不好琢磨，内心需求也不易满足。由于演讲是一对多、单向的沟通方式，很难及时得到反馈。这样一来，产品推介的成功率也大大降低。

我们可能会遇到类似的状况：你在台上详细地展示产品，告诉听众产品有哪些特色和优势，能够给听众带来哪些便利，但听众并不感兴趣。他们要么认为产品没用，要么觉得你在夸夸其谈，于是抱着观望的态度，不会立即下单购买。

这就要求我们演讲时一定要关注客户的需求，投其所好，突出产品的特点，介绍产品的优势。同时，增强演讲的趣味性、创意性，让听众耳目一新。

在某款高端 SUV 电动汽车的发布会上，某汽车公司将品牌的重点放在了安全上。

该公司副总裁讲道："安全是电动车最大的豪华，是新能源汽车追求的终极目标。今天，我们将'安全'深度融入品牌的基因里，用颠覆性的技术，打造引领汽车安全新高度的'易四方'技术平台……"

借助这个"易四方"技术，这款 SUV 电动汽车有几大功能：极限防滑控制、爆胎稳定行驶、原地掉头、应急浮水等。

对此，该公司总裁说："安全是电动车最大的豪华，所以基于'易四方'技术，这款 SUV 电动汽车将为用户带来前所未有的极致安全，让基本不打滑、不甩尾、不翻车成为新能源汽车的本能。"

这些通俗易懂的语言，一下子就让用户了解了该款汽车的性能及优势。

我们可以学习如何在产品推介时有创意地把故事讲好，如何用更巧妙的方式把产品展示出来，以及用简单有力的话语打动听众的心。

其实，这就是在产品与客户之间搭建"桥梁"。如果这个"桥梁"搭得好，听众就会对产品产生兴趣，从普通听众转变为潜在的购买者。如果这个"桥梁"搭建得不好，恐怕就无法让听众动心，更别提产生购买的欲望了。

实际上，很多优秀的销售人员都是演讲高手，他们总是能够让听众对自己的话题、产品产生浓厚的兴趣，从而达到成交的目的。乔·吉拉德在《将任何东西卖给任何人》一书中有这样的表述：

> 每一样产品都有它的独特之处，以及和其他同类产品不同的地方，这便是它的特征。产品特征包括一些明显的内容，如尺码和颜色；或一些不太明显的，如原料。从客户最感兴趣的方面出发来介绍产品，才能吸引客户的注意力。产品的特征可以让客户把你推荐的产品从竞争对手的产品或制造商的其他型号中分辨出来。一位器具生产商可能会提供几个不同款式的冰箱，而每个款式都有些不同的特征。推销家具时，鼓励客户亲身体验，请他们用手触摸家具表面的纤维或木料，坐到椅子上或到床上躺一会儿。用餐桌布、食具和玻璃器皿布置桌面；整理床铺后，放两个有特色的睡枕；安乐椅旁的桌子上摆放台灯和一些读物；给客户展示如何从沙发床拖拉出床褥，也可请客户坐到卧椅上，尝试调整它的斜度。

乔·吉拉德是这样说，也是这样做的。每次向客户推介产品，他总是能从客户的需求出发，想办法让客户对自己的话题和产品感兴趣。同时，他非常重视客户体验，时常让客户体验产品的性能。

凭借这一点，他成了世界上有名的推销员，连续 12 年荣登吉斯尼世界纪录大全世界销售第一的宝座。

如果你想要高明地进行产品推介，就向他们学习吧。掌握打动听众内心的技巧，让自己的演讲更具说服力，赢得更多的客户，让他们当场下单。

产品营销，打造良好的品牌形象

营销是一种讲究技巧的销售，也是一门讲究艺术的演讲。对于企业来说，树立品牌形象是营销活动的前提与基础。树立良好的品牌形象，使产品受到客户的欢迎，企业才能立于不败之地。

例如，饮料巨头C公司。有人说过，即使C公司遍及世界各地的工厂在一夜之间被大火烧光，他们也不会面临倒闭的危机，相反，各国银行巨头第二天就会争先恐后地向它提供贷款。这是因为，C公司不仅是饮料名称，还代表着品牌的形象和声誉，以及深入人心的文化符号。

C公司历史悠久，在一代一代的营销过程中，不仅是宣传和推销产品，而是宣传品牌形象、品牌故事、品牌理念和品牌文化等。在营销过程中，其品牌标志渗透到人们生活的方方面面。他们将品牌标志印在衣服上、包上、手机壳上，或写在本子上……它正在努力把品牌打造成一个超级文化符号。在广告宣传中，它不再强调产品的优势和特征，而是强调公司的品牌精神，如"分享""快乐""欢聚"等理念，试图让这种理念感染每一个人。

比如，在一次国际赛事期间，不但比赛进行得如火如荼，狂热的球迷也争斗得不可开交，甚至发生了冲突事件。这时，C公司推出了"和平贩卖机"，分别放置在球场两侧的入口处，只有一方按下去，另一方才能拿到饮料。这竟奇迹般地让两方球迷握手言和。

可以说，在品牌营销方面，C公司做到了极致，也获得了非同一般的销量。在市场竞争如此激烈的情况下，C公司能够立于不败之地，很大的功劳在于它的品牌影响力。

所以，要想在营销中占据优势，企业管理者需要打造良好的品牌形象，并且在宣传中提升和发展品牌形象。在营销演讲中，演讲者要突出品牌优势，宣传品牌文化，把产品融入品牌文化，进一步影响和感染听众。当听众接受你的品牌文化时，你的产品就会深入人心。

某品牌创始人就是一个善于进行品牌营销的企业家。不管是手机发布演讲，还是电视产品发布演讲，创始人都强调其品牌的核心价值。

比如，在一次演讲中，他提到："品牌的创新点在什么地方呢？一个词叫'互联网＋'，我们就是最典型的'互联网＋'，用互联网模式做硬件，是一种高维度的创新。"

他还说："我们和用户交朋友，是要达到一种境界，即让用户愿意闭着眼睛买产品。这个要求其实很高。只要需要，我不关心它的设计，不关心它的质量，也不关心体验，更不用关心它的价钱，因为它都是最好的。品牌的目标是有朝一日这个用户能够闭着眼睛买我的东西，做到了，我就赢了。"

在创始人的努力下，越来越多的人接受了这一品牌，成为该品牌产品的消费者。

营销的学问是打造品牌、发展品牌。企业管理者演讲时，应该着重突出品牌，做好品牌营销。做好品牌营销，产品和企业自然也就立于不败之地。

领导讲话，有效发挥自己的号召力

领导的远见卓识很重要，但出色的演讲能力同样重要。

或许你会说："我又不是演讲家，靠能力征服员工，靠行动影响员工就可以了，为什么非要每天喊口号、夸夸其谈呢？"作为领导者，如果这样想就大错特错了。首先我们要明白，出色的演讲能力并不是简单地喊喊口号，带领大家高喊"我们要努力！要奋斗！""我们要争做行业第一！"更不是在员工面前高谈阔论，说着远大理想。

演讲是领导者展现个人魅力、征服员工内心、增强团队凝聚力的重要途径。古往今来，无数领导者就是靠着卓越的演讲能力，鼓舞人们勇往直前，说服人们赞同和支持自己。

中国古代振奋人心的演讲莫过于誓师。这种仪式在商朝时就有了，军队的领导者会当众表达决心，以团结、调动团队中每一个成员的力量和决心。

誓师就是古代领导人的演讲，他们会在誓词中表达自己的意愿、追求和信仰，而这些恰恰也是大多数人认同的。个体的力量是有限的，而团队的力量是无限的。通过誓师演讲，可以让更多人明白领导者的目标，显示出团队的力量和集体的荣誉，让每个人都体验到一种成就感和自豪感。

从古代到现代，尤其是在军事领域中，誓师的意义不言而喻。

这就是演讲的巨大力量，这就是领导者的号召力。同样的，企业家、管理者有时也需要利用演讲来感染员工、激励员工。

仔细想想，那些有影响力、有号召力的领导者，哪一个不擅长演讲？哪一个不是巧妙地利用演讲来影响人心？

你若想成为优秀的领导者，就要先成为有魅力的领导者；你若想成为有魅力的领导者，就要先成为一名出色的演讲家。

试想，一个领导者在员工面前讲话拘谨、支支吾吾，或是思维混乱、没有条理，员工怎么能相信你的领导能力，相信企业会有更好的发展？一个领导者不善于演讲，站在台上只懂得夸夸其谈、空喊口号，或是讲话没有气场，只拿着稿子一通念，又如何在员工中树立威信和影响力？

无论什么时候，善于演讲的领导者都更具有感召力和影响力，在演讲过程中，领导者能有效地散发个人魅力和气场，让员工有所触动，从而对员工起到鼓舞、激励的作用。同时，领导者通过演讲与员工进行交流，把观点和价值观传递给员工，把企业的未来和前景展现给员工，更容易赢得员工的信任和支持。